海上絲綢之路基本文獻叢書

皇明馭倭録（四）

〔明〕王士騏 纂

文物出版社

圖書在版編目（CIP）數據

皇明馭倭録．四 /（明）王士騏纂．-- 北京 : 文物出版社，2022.7
（海上絲綢之路基本文獻叢書）
ISBN 978-7-5010-7701-4

Ⅰ．①皇… Ⅱ．①王… Ⅲ．①抗倭鬥争－史料－中國－明代 Ⅳ．①K248.205

中國版本圖書館 CIP 數據核字 (2022) 第 097134 號

海上絲綢之路基本文獻叢書
皇明馭倭録（四）

纂　　者：〔明〕王士騏
策　　劃：盛世博閱（北京）文化有限責任公司

封面設計：鞏榮彪
責任編輯：劉永海
責任印製：王　芳

出版發行：文物出版社
社　　址：北京市東城區東直門内北小街 2 號樓
郵　　編：100007
網　　址：http://www.wenwu.com
經　　銷：新華書店
印　　刷：北京旺都印務有限公司
開　　本：787mm×1092mm　1/16
印　　張：18.75
版　　次：2022 年 7 月第 1 版
印　　次：2022 年 7 月第 1 次印刷
書　　號：ISBN 978-7-5010-7701-4
定　　價：98.00 圓

總緒

海上絲綢之路，一般意義上是指從秦漢至鴉片戰争前中國與世界進行政治、經濟、文化交流的海上通道，主要分爲經由黄海、東海的海路最終抵達日本列島及朝鮮半島的東海航綫和以徐聞、合浦、廣州、泉州爲起點通往東南亞及印度洋地區的南海航綫。

在中國古代文獻中，最早、最詳細記載『海上絲綢之路』航綫的是東漢班固的《漢書·地理志》，詳細記載了西漢黄門譯長率領應募者入海『齎黄金雜繒而往』之事，書中所出現的地理記載與東南亞地區相關，并與實際的地理狀況基本相符。

東漢後，中國進入魏晉南北朝長達三百多年的分裂割據時期，絲路上的交往也走向低谷。這一時期的絲路交往，以法顯的西行最爲著名。法顯作爲從陸路西行到印度，再由海路回國的第一人，根據親身經歷所寫的《佛國記》（又稱《法顯傳》）一書，詳細介紹了古代中亞和印度、巴基斯坦、斯里蘭卡等地的歷史及風土人情，是瞭解和研究海陸絲綢之路的珍貴歷史資料。

隨着隋唐的統一，中國經濟重心的南移，中國與西方交通以海路爲主，海上絲綢之路進入大發展時期。廣州成爲唐朝最大的海外貿易中心，朝廷設立市舶司，專門管理海外貿易。唐代著名的地理學家賈耽（七三〇～八〇五年）的《皇華四達記》記載了從廣州通往阿拉伯地區的海上交通『廣州通夷道』，詳述了從廣州港出發，經越南、馬來半島、蘇門答臘半島至印度、錫蘭，直至波斯灣沿岸各國的航綫及沿途地區的方位、名稱、島礁、山川、民俗等。譯經大師義净西行求法，將沿途見聞寫成著作《大唐西域求法高僧傳》，詳細記載了海上絲綢之路的發展變化，是我們瞭解絲綢之路不可多得的第一手資料。

宋代的造船技術和航海技術顯著提高，指南針廣泛應用於航海，中國商船的遠航能力大大提升。北宋徐兢的《宣和奉使高麗圖經》詳細記述了船舶製造、海洋地理和往來航綫，是研究宋代海外交通史、中朝友好關係史、中朝經濟文化交流史的重要文獻。南宋趙汝適《諸蕃志》記載，南海有五十三個國家和地區與南宋通商貿易，形成了通往日本、高麗、東南亞、印度、波斯、阿拉伯等地的『海上絲綢之路』。宋代爲了加强商貿往來，於北宋神宗元豐三年（一〇八〇年）頒佈了中國歷史上第一部海洋貿易管理條例《廣州市舶條法》，并稱爲宋代貿易管理的制度範本。

元朝在經濟上採用重商主義政策，鼓勵海外貿易，中國與歐洲的聯繫與交往非常頻繁，其中馬可·波羅、伊本·白圖泰等歐洲旅行家來到中國，留下了大量的旅行記，記録元代海上絲綢之路的盛况。元代的汪大淵兩次出海，撰寫出《島夷志略》一書，記録了二百多個國名和地名，其中不少首次見於中國著録，涉及的地理範圍東至菲律賓群島，西至非洲。這些都反映了元朝時中西經濟文化交流的豐富内容。

明、清政府先後多次實施海禁政策，海上絲綢之路的貿易逐漸衰落。但是從明永樂三年至明宣德八年的二十八年裏，鄭和率船隊七下西洋，先後到達的國家多達三十多個，在進行經貿交流的同時，也極大地促進了中外文化的交流，這些都詳見於《西洋蕃國志》《星槎勝覽》《瀛涯勝覽》等典籍中。

關於海上絲綢之路的文獻記述，除上述官員、學者、求法或傳教高僧以及旅行者的著作外，自《漢書》之後，歷代正史大都列有《地理志》《四夷傳》《西域傳》《外國傳》《蠻夷傳》《屬國傳》等篇章，加上唐宋以來衆多的典制類文獻、地方史志文獻，集中反映了歷代王朝對於周邊部族、政權以及西方世界的認識，都是關於海上絲綢之路的原始史料性文獻。

海上絲綢之路概念的形成，經歷了一個演變的過程。十九世紀七十年代德國地理學家費迪南・馮・李希霍芬（Ferdinad Von Richthofen，一八三三～一九〇五），在其《中國：親身旅行和研究成果》第三卷中首次把輸出中國絲綢的東西陸路稱爲『絲綢之路』。有『歐洲漢學泰斗』之稱的法國漢學家沙畹（Édouard Chavannes，一八六五～一九一八），在其一九〇三年著作的《西突厥史料》中提出『絲路有海陸兩道』，蘊涵了海上絲綢之路最初提法。迄今發現最早正式提出『海上絲綢之路』一詞的是日本考古學家三杉隆敏，他在一九六七年出版《中國瓷器之旅：探索海上的絲綢之路》中首次使用『海上絲綢之路』一詞；一九七九年三杉隆敏又出版了《海上絲綢之路》一書，其立意和出發點局限在東西方之間的陶瓷貿易與交流史。

二十世紀八十年代以來，在海外交通史研究中，『海上絲綢之路』一詞逐漸成爲中外學術界廣泛接受的概念。根據姚楠等人研究，饒宗頤先生是華人中最早提出『海上絲綢之路』的人，他的《海道之絲路與昆侖舶》正式提出『海上絲路』的稱謂。選堂先生評價海上絲綢之路是外交、貿易和文化交流作用的通道。此後，大陸學者馮蔚然在一九七八年編寫的《航運史話》中，使用『海上絲綢之路』一詞，這是迄今學界查到的中國大陸最早使用『海上絲綢之路』的人，更多地限於航海活動領域的考察。一九八〇年北京大學陳炎教授提出『海上絲綢之路』研究，并於一九八一年發表《略論海上絲綢之路》一文。他對海上絲綢之路的理解超越以往，且帶有濃厚的愛國主義思想。陳炎教授之後，從事研究海上絲綢之路的學者越來越多，尤其沿海港口城市向聯合國申請海上絲綢之路非物質文化遺産活動，將海上絲綢之路研究推向新高潮。另外，國家把建設『絲綢之路經濟帶』和『二十一世紀海上絲綢之路』作爲對外發展方針，將這一學術課題提升爲國家願景的高度，使海上絲綢之路形成超越學術進入政經層面的熱潮。

與海上絲綢之路學的萬千氣象相對應，海上絲綢之路文獻的整理工作仍顯滯後，遠遠跟不上突飛猛進的研究進展。二〇一八年厦門大學、中山大學等單位聯合發起『海上絲綢之路文獻集成』專案，尚在醞釀當中。我們不揣淺陋，深入調查，廣泛搜集，將有關海上絲綢之路的原始史料文獻和研究文獻，分爲風俗物産、雜史筆記、海防海事、典章檔案等六個類别，彙編成《海上絲綢之路歷史文化叢書》，於二〇二〇年影印出版。此輯面市以來，深受各大圖書館及相關研究者好評。爲讓更多的讀者親近古籍文獻，我們遴選出前編中的菁華，彙編成《海上絲綢之路基本文獻叢書》，以單行本影印出版，以饗讀者，以期爲讀者展現出一幅幅中外經濟文化交流的精美畫卷，爲海上絲綢之路的研究提供歷史借鑒，爲『二十一世紀海上絲綢之路』倡議構想的實踐做好歷史的詮釋和注脚，從而達到『以史爲鑒』『古爲今用』的目的。

凡例

一、本編注重史料的珍稀性，從《海上絲綢之路歷史文化叢書》中遴選出菁華，擬出版百册單行本。

二、本編所選之文獻，其編纂的年代下限至一九四九年。

三、本編排序無嚴格定式，所選之文獻篇幅以二百餘頁爲宜，以便讀者閱讀使用。

四、本編所選文獻，每種前皆注明版本、著者。

五、本編文獻皆爲影印，原始文本掃描之後經過修復處理，仍存原式，少數文獻由於原始底本欠佳，略有模糊之處，不影響閱讀使用。

六、本編原始底本非一時一地之出版物，原書裝幀、開本多有不同，本書彙編之後，統一爲十六開右翻本。

目録

皇明馭倭録（四）

皇明馭倭録（四）

卷八至卷九附略二一卷寄語略一卷

〔明〕王士騏　纂

明萬曆刻本

皇明馭倭録卷之八

兵□　□駕清吏司主事臣王士騏纂

嘉靖三十九□

巡撫應天□□□史翁大立言副總兵劉顯驍雄敢

命一時名□□□出其右參政熊桐度兵食固守

危城功□□□各宜久任以盡□報可

□才□改唐順之既為□巡撫乃條上

方□宜一禦海洋言為□策必禦於海

工□□舟山諸山各相□海賊入寇之

□當預防自今每遇春□松兵備暫駐

寧紹兵備或海道暫……將官常居
海中督兵分哨如有縱賊……以……論罪
賞立賞格凡海中斬……即給銀二
十五兩以示優典一……不能禦之
於海則海岸之守為留……將往往相推誤
事以致深入今宜為約……損兵折將則坐
內……不……人……幾……海寇……則坐沿
……賊……罪……均之為……也方賊由寧紹登
寧……得免殘破而殘
……宜并坐

賊所從入者其沿海文武將吏有能衝鋒禦賊不得登岸深入者雖無首級亦以奇功例陞賞一海外沿海逋逃之徒爲賊鄉導者甚衆宜嚴行守臣多方招徠以消禍本又古者兵交使在其間自葉滿得罪而逋逃欲歸者不免自疑自蔣洲得罪而人以使絶域爲諱宜量爲貰減并開日本國通貢之途若抄犯如故則命朝鮮琉球二國承制轉諭之一定軍制調募客兵坐糜粮餉今宜急練土者必不得已而調募且先取土著如處兵沙兵之類以充其邊方應募者亦必土人保任而後用之至

於總督軍門歲調麻兵宜有定額如直隸幾千浙
江幾千專爲充鋒之用聽川湖軍門選發俟土兵
練成則調募悉罷一鼓軍氣國家承平日久文吏
游談而養尊武臣恬嬉而保身每一當賊股戰却
走顏色可憐又有遇海風而頭掉目眩聞潮聲而
耳聾心惕者如此而望長驅海島掃清大憝難矣
謂宜責文臣督帥時御戎服出入軍中以作武將
之氣武將臨陣時鬭取潰校逃卒斬一二人以變
士卒之耳目則軍氣自振一復舊制國初海島近
區皆設水寨今雙嶼烈港峿嶼諸島海賊巢據者

即其故也沿海衛所軍伍素整屯田亦多及金塘玉環諸山膏腴幾萬頃皆古來居民置鄉之所悉可墾種浙福廣三省原設三市舶司所以收其利權而操之於上使奸民不得乘其便今數者俱已廢壞宜令諸路酌時修舉一別人才文官舉海道副使譚綸等劾台州知府黃大節武官舉總兵盧鏜等劾狼山副總兵曹克新一定廟謨言外患未息內變恐作逋者閩浙直隸倭勢日甚吳淞定海間水卒呼粮[redacted]官刼獄此履霜之漸不可長請行各守臣覈議招懷撫諭之畧防海圍圍之機具聞

于
上斷然行之庶幾滅賊有期疏入下所司覆議命克
新聽調大節閒住餘俱從之
盜百餘人夜入揚州府泰興縣刼庫殺人守臣以
聞得旨停知縣梁棟等俸及把總呂圻各戴罪捕
賊初江南禦倭水兵多游手少年烏合應募之衆
及事寧散還窮無所歸流落江湖閒遂相聚爲盜
云
以江北倭寇未寧添設水兵把總一員於狼山民
兵把總二員於曹沂一道命原任大同叅將朱雲

漢宣府遊擊郝英四海冶守備岳岊各携家丁赴
淮揚待用從巡撫都御史唐順之奏也
論擒海寇王直功詔陞賞總督尚書胡宗憲等有
差初宗憲遣蔣洲陳可願招諭直等至三十六年
十月直與王滶葉宗滿等同倭目善妙等五百餘
人泊舟岑港請納款通貢市是時直母及子宗憲
皆羈至杭城直先遣滶宗滿來見宗憲厚撫諭之
令宗滿持其母與子書往直見我兵嚴備又滶不
返遲迴未能決則要須滶出乃登岸宗憲即遣滶
往直犹未信索我一貴官爲質宗憲遣指揮夏正

詰其舟直黨乃併前後往來最後朱尚禮等留之直始輕身入謁軍門宗憲故爲欵言令自繫獄待命久之直黨見官軍四集尋知直已下獄遂支解夏正尚禮等得遯歸至是時已三年矣其事初聞宗憲蒙賜敕獎勵下按臣覈諸效勞人員功次迁延不以時上宗憲乃自列狀以聞請亟如甄錄詔下兵部尚書楊博等會廷臣議皆言自直等煽亂朝廷不惜萬金封爵之賞令天下討賊而宗憲卒以計擒之功實非常賞宜從重其一時共事諸臣若副總兵盧鏜都指揮戴冲霄紹興府通判吴成

器或控執要害或冒險厮間功宜優錄原任參政今巡撫王詢副使陳元珂原任總兵俞大猷參將戚繼光張四維督兵有紀中書羅龍文指揮陳光祖楊永昌朱尚禮董華邵岳謝天輿生員蔣洲陳可願方大忠義士胡節中武生朱見先后間賊及原任參政胡堯臣副使李景華僉事李三畏都指揮王欽守備何本源畫地設防協謀督餉均宜并敘大猷今負罪立功冲霄繼光四維光祖洲節中本源俱奉旨逮問宜准贖罪夏正死事尤宜厚卹得旨賊首擒獲實荷玄佑爾等議功並不奏請舉

謝豈人心歟宗憲天心爲國殫竭忠謀勞績殊常
宜加顯擢以示激勸其加太子太保左都御史兼
兵部右侍郎總督如故仍廕一子錦衣衛副千戶
鏜詢成器各陞二級尚禮華岳各陞原籍衛所千
戶大猷冲霄繼光等八員俱准贖罪錄用夏正捐
身爲質死事可憫贈都指揮使廕一子正千戶世
襲元珂等各以差賜賚
倭寇六千餘人流刼湖州等處守臣告急兵部言
閩廣二省俱鄰南海倭奴侵軼廣中皆以閩人爲
嚮導今其勢張甚在兩廣固當剋期誅剿在福建

撫臣亦難辭縱賊貽患之責請令巡按御史遍核
功罪以聞報可
吏兵二部會議提督兩廣侍郎鄭綱條陳一惠湖
二府海倭山寇並起請添設叅將一員專駐揭陽
督兵防禦一嶺東分守獨居省城兼領南韶惠潮
四郡不便宜仍以廣州南韶隸嶺南分守而嶺東
專管惠潮仍改賜敕書令其兼理海防一倭賊入
潮每以漳海積寇相煽引而黄岡鎮巡檢則廣閩
界區漳寇所由入者請以潮州捕盗通判移駐其
地練兵防盗詔如議行

兵科都給事中王文炳言邇者浙直倭患稍寧而
閩廣警報踵至蘇松淮揚間慱徒悍卒所在驛騷
宜勑下本兵議所以安民蓄兵絕寇之策兵部覆
議安民莫如罷不急之役蠲無名之征重懲貪官
酷吏蓄兵莫如訓練各處鄉兵隸籍行伍者責之
軍衛募自民間者責之有司絕寇則當令沿海有
司按籍所部居民有與鹽通者許同里首告即寘
之法而追其所犯銀三十兩賞告者又有無賴惡
少竄入軍中巧立報効賛畫名色平居坐糜公廩
有事爭冒首功此輩亦將來禍本宜一切查革議

入
上曰朕所倚安民者守令耳邇來各官恣意貪殘困
苦小民朕甚憫之吏部都察院即移文各撫按官
嚴加考察限一月內從實奏處餘皆如議行
巡撫鳳陽等處右僉都御史唐順之卒賜祭塟如
例順之直隸常州府武進縣人嘉靖己丑舉禮闈
第一人賜進士出身改庶吉士授兵部主事調吏
部改翰林院編修未幾上疏乞養病詔以吏部主
事致仕居數年召爲右春坊右司諫兼翰林院編
修明年與賛善羅洪先校書郎趙時春上定國本

疏忤旨黜爲民順之初欲獵奇致聲譽不意遂廢
屏居十餘年
上方推抑浮名無實之士言者屏薦之終不見用會
東南有倭患
上命工部侍郎趙文華視師江南順之以策干文華
因之交懽嚴嵩子世蕃起爲南京兵部主事尋陞
職方司員外郎郎中奉命查勘薊鎮邊務復視師
浙直總督胡宗憲薦其有功遷太僕寺少卿通政
司右通政俄代都御史李遂巡撫鳳陽卒于官順
之博學強記自六經諸子以至算射兵法陰陽小

技無不研究其説其文詞足以擅名一家初罷歸閑門獨居力爲矯抗之行非其人不交非其道不取天下士靡然慕之既久之不獲用晩乃由趙文華進得交嚴氏父子覬因人取功名起家不二年開府淮揚然竟靡所建立以卒順之本文士使獲用其所長直石渠金馬之地其著作潤色必有可觀者乃以邊才自詭既假以致身遂不自量忘其爲非歉有以武功自見盡露其短爲天下咲云

世廟識餘録云按順之故以三不朽自任其家居二十年謂立言立德可以無媿惟歉於立功耳故

干趙文華以通於嚴嵩父子欲以平倭自見及其臨事顛眩大失其平生而三沙之敗僅以身免後卒於淮陽凡四品京堂未經考滿者非日講軍功不得䘏典嵩父子力以順之軍功爲請於禮部時尚書吳山特持之嚴氏因怨山而遷怒於祠郎李纘乃出爲景府長史順之始得祭葬矣而不知於例何所據也　尚書徐學謨

按東南之有倭禍所謂剥膚之災順之學本經濟憂無家　國寶見得是故欲自效于戎行觀其衝突風波冒犯矢石與士之最下者同甘苦真有鞠

躬盡瘁意天不假年厥志未竟良足悲矣史謂其欲以武功自見盡露其短爲天下咲學謨又謂其臨事顛眩大失其平生而三沙之敗僅以身免此俱非公論順之寔知兵者其視師江南每請之于朝欲文臣督帥時御戎服以作武將之氣又謂此氣在宇宙間磨礲而時用之則鮮明置之不用則黯無精光我之氣日益精明則賊之氣自然消沮其言似迂而非迂也每讀其遺言循其遺迹輙爲慨然或謂順之失身嚴氏且有怨于子之先人何輕吐其不平也順之失身嚴氏意者枉尺直尋乎于

時九邊練兵總之尋常套數順之胸中素具甲兵
以實求之未免求全於薊鎮而不知九邊之皆然
也何私恕之有士大夫不要錢不怕死不求做好
官一腔熱血每恨揮灑之無地此何爲者不過欲
以身殉
國耳臣不佞深有感于順之也然以江南人視師江
南又用之淮揚巡撫猶有格外用人鼓舞豪傑之
意此必
世廟之獨斷若謂嚴氏之居間則比來畏首畏尾更
似不及矣

江南經畧云已未之夏唐公順之捧　勑至吳經
歷海上倭至不得登刼屯兵於三沙公帥兵圍之
賊走江北爲李中丞所殲或諭之曰六月興師勞
民費財不能擣巢而縱之走未見唐公之能也愚
謂不然夫倭船之來非一歲矣每至即登岸未有
不滿載而去者若非唐公與熊兵憲親出海洋嚴
督將士孰肯僇力驅賊於沙上哉當是時撫按巡
江皆缺唐公原無提督之權又無可戰之兵可調
之粮使他人處此必坐省城移檄將官閉奸塞責
而將官又襲故套止擊去賊不擊來賊數郡生民

廢耕耘填溝壑如甲寅乙卯歲矣安得賊千三四百人歷三越月而但困于一沙不渡海不流突內地不殺人燒刧榜腹而驀竄哉自此失志島夷聞之至今不敢寇吳唐公保障之功誠不小矣新例禦賊於海洋不使登岸者雖無斬獲猶敘超格唐公積勞成疾轉官而歿吳民陰受其賜及訾咲之豈非天地間一大屈哉　崑山鄭若曾

總督浙直福建都御史胡宗憲奏臣受命總督得節制三省一切調度兵食皆賴各處巡撫協心共濟而近多優游養望未有實見講求者即有疎虞

臣何以自觧夫各邊廵撫之與總督相見原有定
規今俱抗衡無遜詘意至於操江都御史則雖文
移亦不復通臣徒擁總督虛銜而無其實請移假
以事權得以爲諸道主約其相見禮文亦宜依三
邊督撫事例得旨宗憲此疏心實任事可轉大司
馬兼院右正各廵操等官悉聽節制其三邊督撫
相見禮儀吏兵二部查例以聞部覆總督體統委
宜嚴重撫操等官相見毋得純用賓主敵禮總兵
以下皆戎服庭謁至於文移俱用印信呈文詔可
廵按福建御史樊獻科奏福建山賊倭夷並起攻

掠平和紹安等縣破崇武所城請勅守臣亟圖勦
會巡撫劉燾疏至言與賊連戰俱捷地方稍寧不
如獻科言上
上以二臣奏報互異疑之詔兵部亟檄南贛撫臣范
欽及燾協力平賊地方失事功罪令御史詳核以
聞未幾獻科復奏崇武失事狀兵部始知燾奏不
實請逮守所千戶郭懷仁等付獻科問停分守僉
事萬民英俸令戴罪視事燾姑貰勿治責以平寇
自贖從之
查盤給事中羅嘉賓御史龐尚鵬等言浙江直隸

軍興以來督撫諸臣侵盜軍需無慮數千萬臣等
奉詔通查出入之数其間侵欺有術文飾多端冊
籍沉埋條貫淆亂者姑無論已即其文牘具存出
入可考事蹟章灼可得而陳其数者則如督察尚
書趙文華所侵盜以十萬四千計總督都御史周
珫以二萬七千計總督侍郎胡宗憲以三萬三千
計原任浙江巡撫都御史阮鶚以五萬八千計操
江都御史史褒善以一萬一千計巡撫應天都御
史趙忻以四千七百計此皆智巧有所偶遺彌縫
之所未盡據其敗露十不及二三然亦夥矣至於

操江都御史高捷則明取江防銀二千兩檄送趙文華巡撫應天都御史陳錠則檄取軍餉銀四千兩錙銖無所支費此又皆公行賄攘視爲當然者也乞通行追究明正法典以懲貪冒至於文華所任郎中郭仁及宗憲所任指揮戴坤胥楊永昌陳光祖並宜逮問追贓疏下戸部會吏部都察院議覆請罷忻捷官同文華等所劾贓罪候勘議處仁黜爲民坤胥等下御史問惟宗憲功多當留用從之既而宗憲上疏自訟臣爲國除凶用間用餌不有小費不可以就大謀而忌者遂緣此生奸指

侵尅臣誠不能以危疑之迹自理於譭謗之口乞
且賜罷以待公論少明然後東西南北惟
上所用
上優詔慰留之
令分守温處叅将劉天錫等戴罪捕賊贈恭順生
員田林爲州同知給其子冠帶先是三十八年七
月倭寇自閩流入温州結巢小獲桐山出掠平陽
順泰等縣分巡副史凌雲翼檄天錫及把總盧鏑
等捕之賊敗知縣巨益兵於石門隘殺領兵生員
田林等天錫[redacted]兵不救巡按御史周斯盛以聞兵

部奏林田死事宜卹録天錫等宜戴罪從之
福建叛兵三百餘人自沙縣將樂攻泰寧縣破之
守備王址率千戶劉兆元百戶戴權等殺之軍亂
兆元率衆先奔址權戰死賊遂趨廣昌樂安尋奔
永豐數城遯去巡按御史鄭本立以聞請論諸將
吏功罪詔贈址都指揮使權正千戶各陞襲子孫
一級兆元等逮問守巡參議孫應鼇各奪俸戴罪
勦賊先是福建以倭亂調募廣兵多輕摽無賴比
至皆憑陵驕蹇日需犒賞有司不饜所欲即鼓行
爲盜云

巡按直隸御史陳志夔上三十八年倭犯江北自
六月初三日起至八月二十七日止提督都御史
李遂督發主客兵将前後二十餘戰斬首三千七
百八十有奇諸獲功人員百二十二人請分别陞
賞因言遂功高勞著屢迎擊始至之寇使片帆不
歸一人無免者今江南北清宴要是藉其餘烈前
雖蒙恩賞未足酬勛請破格優處以勸将來
上曰遂督兵禦寇擒斬盡絕功果異等其陞俸二級
廕一子原籍衛所千戶其餘獲功陞授如擬行
以倭患免廣東潮州府海陽揭陽饒平潮陽惠來

縣惠州府海豐縣三十八年京庫粮銀二萬四千
有奇
巡撫福建都御史劉燾類奏四五月間新倭與濂
澳月港崇武處舊寇合䑸鹵掠時臣甫蒞任卽定
計擒之初戰於長樂閩安先挫其氣再下輿泉逐
月港崇武諸寇以及崎嶺濂澳之間兵之所過陸
無堅陣水無完艘凡擒斬七百有奇溺死者倍之
乞錄領兵僉事萬民英指揮王夢麒等功疏下兵
部議功燾第一總督尚書胡宗憲次之其力戰效
勞者民英夢麒及總督把總指揮官張弼張僑奏

經國鄧一桂徐瀌宜優叙聽勘叅將王麟論戍指揮鄭文恩宜准贖陣亡指揮王謹宜陞襲三司府縣官邵梗許應元舒春芳等宜覆勘得旨賞宗憲銀幣陞壽爲副都御史民英爲布政司右叅議仍兼原職夢麒等各陞一級餘皆如部議是歲倭賊徧福建沿海諸郡然皆十百爲羣各自擄掠無總統司號令者壽不能制任其厭欲而去乃虛張功伐多言謀勇然即具奏狀所列固未明言某日某兵與賊戰某地者也

授國子監生蔡汝蘭爲原籍衛所鎮撫贈其子啓

元爲太僕寺寺丞仍廕一子送監讀書汝蘭廣德州人與子啓元允元姪渭皆習武事與總督胡宗憲有舊宗憲旣開府道其父子赴海道標下練兵剿賊三十八年三月中啓元率兵追賊至奉化縣之南渡橋戰死越五日賊攻海門衛渭亦死之宗憲以聞兵部復請故有是命

嘉靖四十年

江西南贛流賊馮天爵平天爵等皆兩廣民兵應募至浙直禦倭已而遂寇刼閩清縣庫復寇沙縣尤溪建寧泰寧等江西建昌新城南豐等縣拒敵

官軍殺守備王址支解之後自泰和謀間道趨湖廣爲南贛兵所邀擒天爵并其黨梁寬馮勝等六十五人餘各竄逸捷聞
詔按臣覈實功罪具奏
南京兵部尚書江東等言南京振武營兵之選將以備倭今倭患未可逆覩而遽議罷非計請下南京府部九卿及科道寺官酌量時勢詳察利害應散應留務求歸一兵部議覆從之
宥原任金山備倭署都指揮同知王世科罪降原職三級叙用世科初以倭陷南匯青村二所論死

至是御史方輅勘覈言二城柵毀較之完城不同且戴罪之後斬獲頗多請從末減故有是命

旌故蠻夷長官司副長官田菑及其子畊建坊於所居表曰忠義菑永順宣慰司屬目也初以征倭進攻新巢穴死之子耕復父讐斬獲有功已賻菑官給殮銀百兩耕疏辭給銀而請近襲其祖職張思明溪蠻夷長官職事詔下守臣勘實則張思明溪者係酉陽地界非永順境也其耕所稱祖職亦無可的據乃覆稱授耕職非便宜仍給賞功銀兩并建坊一座以褒録之報可

巡按直隸御史陳志奏往時漕運憲臣俱兼巡撫日者海徼不靖戎事倥偬遂以漕臣司轉餉撫臣秉戎麾此一時軍興特設非制也今倭患漸寧事權宜一請裁革巡撫即以漕臣兼之事下吏兵二部覆可乃以總督漕運都御史胡植兼提督軍務巡撫鳳陽等處

先是科道官查參總督浙直福建尚書胡宗憲侵盜軍餉詔下浙江巡按申勘至是御史崔棟覆稱宗憲無他且言軍中所恃以鼓舞人心者財耳其中用間行餌賈勇賞謀鼓舞之術居多若使尺寸

之間盡以繩墨約之寧遽有今日哉以臣之愚宗
憲可原得肯錢粮既查明胡宗憲今照舊盡心督
撫
備守浙直副總兵劉顯言項蒙
陛下命臣以都督提督南京振武營臣誠感恩圖報
第此軍習成驕悍宜以法制之臣故所統川兵二
千有勇知方乞許便宜帶領隨營操練內以彈壓
兇惡外以控制倭夷卒有怙惡者許臣以軍法從
事俟其內馴外服海防稍靖漸爲散遣兵部覆言
彼中原無前項軍粮請許選精銳五百人自隨餘

付代者有諐聽題調用報可

巡按廣東御史潘季馴勘上三十七年倭寇廣東諸臣功罪言倭自正月中犯潮州府蓬州鮑浦等處所至將官不能禦或敗或走獨千戶魏岳百戶蔣期明鎮撫陳濬等戰甚力斬首八十餘級生擒九十餘人賊始遁去我兵失亡者亦二百人岳等死之時總督侍郎王鈁已致仕季馴因追敘鈁運籌督戰之勞請與撫鎮官及陣亡將吏分別敘錄而論失事者之罪兵部議覆

上命賞鈁及巡撫周滿總兵官靖遠伯王瑾各銀幣

有差下失事指揮等官馮良佐等二十二人及前爲事指揮孫敖知縣蔡明復等于按臣論罪岳等各陞襲如例

山東巡撫都御史朱衡奏登萊青三府地瀕大海東近遼左南通浙直國家設軍分守甚嚴日者遼左告饑暫議弛登萊商禁以濟之其青州迤西之路未許通行令富民猾商遂假道赴臨清抵蘇杭淮揚興販貨物海島亡命陰相構結俾二百年慎固之防一旦盡撤頃者浙直倭患非後事之鏡乎宜申明禁約停止爲便兵部覆奏報可

以倭賊陷廣東潮州府大城所詔奪惠潮叅將張四維俸二月分守叅議馮皐謨海道副使鄭維誠分巡僉事齊遇俸各二月下本衛所掌印捕盜等官董越等九人于按臣論罪知府何鏜等准贖

先是潮州賊倭自福建還入詔安大城海夫劉五等及上底東界客兵因挾之爲亂去年十二月乘除夜城中無備伍等先襲入城羣倭繼之守印諸將各棄印遁去至是年二月知府何鏜等督兵追捕伍等始就擒斬首三百餘級事聞因有是命

江西巡撫都御史張元冲疏報去年十二月至今

年閏五月閩廣流賊由光澤寧化等處突入江西
境竄新城廣昌轉掠萬安泰和請勅南贛軍門協
勦福建巡按御史李廷龍亦報山賊呂尚肆李占
春等與福興漳泉殘倭四出剽掠自建寧以北福
寧以南無處不爲盜藪乞申飭福建都御史劉燾
南贛楊伊志兩廣張臬刻期平定疏並下兵部議
覆
上以寇群猖獗禍連三省切責諸臣玩怠不行設策
勦滅姑令各帶罪殺賊期以九月報平如再誤事
御史指名參奏重治

總督浙直福建尚書胡宗憲奏浙江倭寇自以來合謀連艅屢犯寧台温等境我師禦之戰於海者六戰於陸者十有二討前後擒斬一千四百二十六人焚溺死者無筭今已蕩平其文武效勞諸臣則參將戚繼光督戰功最而僉事唐堯臣義烏知縣趙大河等亦宜并錄

上加諸臣功詔宗憲加少保總兵盧鏜陞俸二級繼光陞都指揮使各賞銀二十兩二表裏大河陞按察司僉事專理操練土兵温處參將牛天錫陞秩二級副使凌雲翼王春澤僉事唐堯臣參將呂圻

等十九人各陞俸一級布政胡堯臣胡松參議唐
愛副使李僑各賞銀幣有差通判吳成器等行軍
門分别犒賞下失事把總王彥忠劉震亨劉用光
三人於御史問

嘉靖四十一年

福建同安倭寇夜襲破永寧衛脅指揮王國瑞鍾
埧千戶蔡朝陽降之

巡按福建御史李廷龍類奏二月中三衛兵亂永
寧失守及盈[illegible]溪等縣各被新舊倭寇抄掠狀部覆
王國瑞鍾埧蔡朝陽身爲降虜宜重論與泉[illegible]

萬民英疎于防守福州兵備汪道昆不能禦衆宜
並罰得旨民英道昆各奪俸三月國瑞等下御史
鞫實奏聞
福建新倭大至突犯福清福寧政和等處
南京戶科給事中陸鳳儀劾奏總督胡宗憲欺橫
貪淫十大罪大略言宗憲本與賊首王直同鄉其
所任蔡時宜蔣洲陳可願等皆賊中奸細方直挾
倭衆突岑港賊衆無幾而宗憲按兵玩寇資以牲廩
蕩廢防檢交質往來乃許直海防之任與爲約誓
若非

皇上斷以必誅神人之憤安可雪也而宗憲乃立報功廟于吳山意欲既滿縱飲長夜坐視江西福建之寇不發一矢徒日取驛遞官民軍前糧餉而斬艾之朘削之督府積銀如山聚姦如蝟如鄉官呂希周田汝成茅坤等輩皆游舌握槧遞爲門客又且宣淫無度納鄉官洪楩之女爲妾通事夷來任健步徐子明之妻皆出入督府通宵無忌至如扣尅上供歲造段疋銀兩濫給娼優市販官職劄付軍門官廠私送鄉官調發官軍原籍守宅尤其干紀亂常之甚者乞加顯斥疏下吏部請下巡按御

史勘報

上特命錦衣衛械繫宗憲至京問于是浙直總督缺遂罷不補而以都察院左副都御史趙炳然爲兵部右侍郎兼都察院右僉都御史提督軍務巡撫

浙江

福建倭攻興化府城陷之倭自十月初犯福建其自浙之溫州來者則合福寧連江登岸海賊攻陷壽寧政和寧德等縣自廣之南澳來者合福清長樂登岸海嶮攻陷玄鍾所蔓延及于龍岩松溪大田古田之境無非賊者初浙江叅將戚繼光與總

兵劉顯等旣連破賊于臨墩港等處閩之宿寇盡平繼光引還浙遇倭自福清東營澳登岸廖兵擊之斬首一百八十有奇遂行而閩倭至者日衆始攻興化城不克乃合兵薄城下圍之且匝月至是城守卒勞罷賊瞯其懈弛夜以布梯傅城入之開門放火城中方知賊至百姓恇擾条將畢高参政翁時器悉縋城宵遁同知奚世亮爲賊所殺賊遂入據府至來歲二月始敗是時劉顯在會城聞興化危急提兵往援至則城巳爲賊所破顯留大兵江西剿廣寇所提入閩卒不及七百人且疲于屢

戰倭所至勢衆且銳顯知不敵乃逼城爲營以伺
賊隙顯有威名與化人初聞顯至以爲旦夕破賊
旣而相持日久疑其養寇以爲恨
命分守浙江台金嚴參將戚繼光充副總兵官分
守福建
錦衣衛逮胡宗憲至請處分
上曰宗憲非嵩黨自御史皆朕陞用任事已八九年
三呈
上玄錫近上玄秘皆致一手字數載無言伊過近自
鄒應龍初亦未專爲國舉邪朋害大臣罷斥者不

少既知諸人欺君何不俱早言今日乃言之不已
宗憲不自愼致招奏擾但王直原本兵議二不獲者
五等封官今加罪後復誰與我任事其釋令閒住

嘉靖四十二年

革鎮守浙直總兵盧鏜職仍同原任遊擊王應岐
俱下御史逮問鏜初在軍門胡宗憲用事及宗憲
敗鏜不自安求去時應岐已革職充軍給事中丘
橓等因劾鏜姦貪入罪言應岐原擬未盡其辜兵
部覆請從之

巡撫福建都御史游震得奏上禦倭三事一浙江

温處與福寧州接壤實倭夷出没之地而一時將官莫賢于參將戚繼光宜進繼光爲副總兵兼守其地而于福寧州添設守備一員隸繼光節制仍令募兵二千以備戰守又漳州月港亦適倭要地并宜添設守備一員即以指揮歐陽深陞署都指揮僉事充之而聽節制于總兵俞大猷一八閩之地延平建寧邵武乃其上游宜令建寧募兵一千延平邵武各五百使指揮樂填統之以備警急其分巡武平僉事亦加以兵備重其事權一閩中自被倭以來其官軍之以死勤事與婦女之死節不

辱者宜悉表揚以勵人心兵部覆如其言詔可

廣東倭寇犯潮惠二府黃岡大澳等處

福建巡撫游震得以去年十一月倭寇攻陷興化府狀聞初賊至先犯邵武殺指揮齊天祥轉掠羅源連江等縣殺遊擊將軍倪椽遂攻玄鍾所城及德縣入之乘勝直抵府城下會都督劉顯兵未至賊遂襲入城殺同知奚世亮等又分兵攻陷壽寧政和二縣乞亟命該部計處兵食漸直總督發兵應援部覆賊以旬月間連破數城如蹈無人之境帥府而下職守謂何顧事急之際請姑令戴罪立

功其各省援兵請調浙江新募義烏兵一枝以戚
繼光統之江西兵一枝令撫臣自擇良將各星馳
應援仍起丁憂參政譚綸以原官兼按察司僉事
統浙江兵千二百人與都督劉顯總兵俞大猷同
心共濟以收奇功又廣東南澳為此賊淵藪宜令
兩廣提督張臬引兵搗之使賊退無所歸以其地
丁科屯鹽諸錢穀約二十餘萬悉留用以佐軍興
仍令南京兵部發馬價銀十萬兩濟之本部仍備
銀十萬兩俟緩急督發
上悉命如擬行因奪震得及文武大小諸臣俸許其

自劾譚綸等依擬用戚繼光劉顯各令奮勇建功以副委任仍諭浙江巡撫胡松兩廣提督張臬各協力策應毋分彼此

提督兩廣都御史張臬紀功御史段顧言各條陳廣東善後事宜戶部覆行三事一潮州海陽之闢望爲倭奴入寇門戶宜設一全縣以增潮南之藩籬應割都圖者七潮陽之減水宜設裁減一縣以控扼海豐惠來長樂三縣之要衝應割都圖者四又程鄉縣之豪居新設平遠縣遠隸江西不便宜割程鄉及興寧田糧立爲裁減縣分仍屬廣東其

原議割武平安遠里分宜還各省一饒平縣之弦歌大埔縣之清遠程鄉縣之溪南松源石窟龜漿諸都向爲巨賊所據今雖勦平田多拋荒宜將六都錢糧自三十九年四十一年盡數蠲免其半十一程鄉縣延袤千里原額止一十八圖豪猾營充千長隘官名色凌轢鄉民起盜之源實由于此惠潮二府所屬諸縣皆然宜及今大熟之年添設圖分增立里長督辦租役其他名色悉爲除革疏上允行乃設澄海縣于闢望所普寧縣于浟水

福建興化倭寇結巢崎頭城與都指揮歐陽深相

拒久之不出深望見其兵少輕之直前挑戰伏發
深與其數百人皆戰死賊乘勝攻陷平海衛
以倭寇攻陷興化府城命提督兩廣都御史張臬
總督廣閩軍務調度兵馬分部擊之罷巡撫都御
史游震得回籍聽勘令總兵官劉顯戴罪勦賊逮
參政翁時器參將畢高至京問罪初興化敗書聞
震得已坐失事奪俸既而巡按御史李邦珍言震
得一籌莫展宜簡命大臣有濟變才者假以重權
亟往拯之南京科道官范宗吳張士佩等亦言賊
薄興化時震得詐疾告休及城陷則避之福清不

肯督兵救援顯屯兵江口遠在三十里外駐營未
聞提兵決戰而時器與高聞變即縱城夜出尚未
識其所往請各寘之理俱下兵部議覆大臣有威
望累著擒賊之功者一時無如臬賢宜重用之震
得等誠驚怯有罪但顯素得士心臨敵易將恐一
時難其代者宜令立功自贖俟事寧併論
上然之乃有是命
福建福寧倭寇自政和等縣襲攻寧德破之趨羅
源入海轉至連江登岸時寧德已四陷矣
巡撫浙江侍郎趙炳然奏各省募兵多浙之義烏

人夫福建所以致亂者民變爲兵兵變爲盜其所由來漸也夫閩民皆盜治標之道不得不假于別省募兵而反求其本必須多方撫處使盜化爲兵兵化爲民可也今又驅浙之民以拯福建之急臣竊懼夫浙之爲閩也自今請令各省一意團練土著使人皆可用家自爲守急則爲兵緩則爲農聚散之間兩有歸著即不得已而召亦必先本省次鄰省不得專泥一方以釀禍本兵部議覆

上曰各處節年團練土兵徒以虛文塞責迨至有事則行召募以滋繁擾其令巡按御史每歲終嚴加

夜貿仍叙别所司功罪以聞
福建新倭自長樂登岸流刼福清等處總兵官劉
顯俞大猷合兵邀擊於遮浪殲之平海倭引舟出
海把總許朝光以輕舟抄之斬首四十九級賊
盡焚其舟還屯平海
覆論興化府并壽寧等縣失事諸臣罪逮興化衛
指揮徐將楊一輔法繼勳通判李邦光百戶潘鑑
易中孚壽寧縣知縣童鋭典史沈洪王濟等至京
與翁時器等併問指揮等官胡紳等四十二人及
副總兵楊縉叅將黎鵬舉俱下御史逮治馮文焯

副使余曰德邵梗汪道昆叅議萬民英僉事金淛
曾一經各奪俸半年左布政使曾于拱署按察司
印右布政使盧夢暘各奪俸二月仍誡提督御
史陸穩策勵供職贈諸死事臣同知奚世亮爲右
叅議知縣周尚友縣丞葉德良徐九經訓導盧學
顔爲太僕寺寺丞各廕一子國子生遊擊倪祿指
揮齊天祥張光祚千戶盧思亮邵于蕃張珊各襲
陞其子二級
副總兵戚繼光督浙兵至福建與總兵劉顯俞大
猷夾攻原犯興化倭賊於平海衛大破平之斬首

二千二百餘級火焚及傷及墮崖溺水死者無算繼所掠男婦三千餘人復得衛所印十五顆自是福州以南諸寇悉平

知縣歐陽學紀事云壬戌十月倭賊至惠安之南埊轉寇吾莆劄營村落十有一月初移逼郡城四門之外皆賊壘也時都督劉顯奉 命剿賊既至屯兵枋頭距城五十里分守翁時器因勢危急懇請救援劉分兵八十名應之越十有九日夜十漢子自稱齎督府文書求縋城上翁許之衣背皆繡天兵字越二十有八日守埤者聽翁令是夜罷擊

柝比四鼓睡熟賊五六箇自西門第四舖布梯登埤司門通判李邦光指揮徐將楊一輔不知也詐稱天兵者高聲喝殺傷一埤夫由是衆皆驚潰賊六千餘悉登而入如履無人之境因風縱火城中高堂廣廈通闤帶闠不知幾萬家可憐焦土孑存者十之一皆爲賊營署印同知奚世亮被殺翁分守李通判畢叅將越城奔鄉宦士民男婦咸就擄殺死者約萬餘庠士三百五十鄉宦十七舉人二太學生六婦女義不辱而罵賊以死者不知其幾也寶器金玉錦綺或傳自唐宋者咸歸於賊否則

幻爲煨燼城陷次日劉兵亦至城外搜賊舊嘗越十有二月十日突入城内與賊戰於教場敗績癸亥正月初劉兵屯染店指揮歐陽深領半番兵二千屯林口巡按江西陳御史志檄兵一千餘來援屯江口十有四日賊南掠歐陽兵自柵中射之中其魁凡三十人二十有二日賊北掠劉兵陳兵伏道夾擊斬首九十賊徬徨駭愕相語曰戚虎何時來也蓋叅將戚繼光前此累捷賊畏如虎故以名之云二十有七日賊粮盡出城宿塘下相去二十五里自黎明逮晡行始盡劉都督在寧海橋不知

也次日兵追及與賊戰於巷口敗績又次日賊至
岐頭攻其私城民極力禦之殺二賊望救無人城
陷荼毒尤慘時劉兵屯關口距岐頭八十里二月
七日賊六百由同安抵楓亭徑至岐頭地界二十
有九日夜合攻平海城孤危無援城又陷署印指
揮葉煥然被殺凡六區七區之士民千戶百戶之
所管轄者又不知擄殺幾何三月十八日劉兵移
嶺頭歐陽兵移樹下各距平海六十里二十有三
日賊来樹下殺歐陽指揮及兵四百劉即移屯度
濱四月初總兵俞大猷領漳泉兵四千方至移屯

山腰石屐谷距平海四十里十有一日賊四百自上徑抵余埔劉率兵迎擊敗績十有三日賊衝度瀆而下半番伏兵四起斬首一百七十餘奔平海城人謂劉有方略在營中運妆六姝其從容安閒如此俞素負重望顧兵士法弛平民亦苦劫掠斯時也賊備舟三十五艘爲浮海歸國之計舊軍門先已檄許朝光督水兵防于海澚朝光者去歲招降之賊首也及是月十有六日賊類盡俱出城一夥下舟去許不知也一夥改營許厝村又在澄塘村越十有九日新總理軍務巡撫都御史譚初至

省城即范菁鄒夜趨渚林次日副總兵戚繼光亦抵於此譚知其能下令劉俞兵勿動以戚督萬兵進剿二十有二日五鼓與賊戰於滄塘等村火箭飈馳烏銃雷發竹標一揮群醜[illegible]愕然詫心曰戚虎今果來矣跪以待死未崇朝賊盡盡其明日搜索山谷及斬頭寨遺賊共擒斬二千二百有奇釋被擄男婦四千口獲精鐵器械萬餘兵卒所得金寶戚秋毫不問焉按戚有大功于閩人至今德之傳頌詳核故詳錄

巡按廣東御史陳道基以正月間潮惠二府倭患聞乞速命督撫調兵分剿詔總督都御史張臬嚴

督各官調集漢達官軍協力剿滅以靖地方毋怠
巡撫浙江侍郎趙炳然陳海防八事一定兵額浙江領兵千把總等官漫無適紀宜將陸兵做古什伍之制以次編立營伍令總哨管隊等官分轄之而總屬于主將二振軍伍浙江軍衛逃亡數多請照籍清補三練民兵民壯弓兵本為防盜詰姦而設官嚴選練不得聽官司役占四立保甲浙地濱帶河海外倭內盜鹽賊礦徒導引之姦細接濟之窩主在在有之宜挨屋編次十家為甲十甲為保各立之長使習練技勇互相識察協力防禦官司

無得以他務煩擾五明職掌總兵參將海道兵備等官雖各有信地而臨事多推諉宜分任責成居常則將官操練而該道主于閱視遇敵則將官攻勦而該道主于監督不得互諉六分統轄浙直水兵副總兵一員駐直隸金山以統浙直陸兵而共以一總督節制之但今總督既革則浙直已為二鎮而巡撫浙江者于金山副總兵不得用之于陸巡撫直隸者于定海總兵不得用之于海矣自今宜畫地分轄在定海者止屬浙江在金山者止屬直隸各兼理水陸兵務而有警則仍相策應七嚴

哨應陸兵專責以守險水兵專責以出洋有警互爲聲援入公賞罰將官有戰功者宜首録不當與督撫同叙至於失事論罪亦如之其部下尤當賞不遺賤以鼓士心兵部覆如其言

上皆從之

巡按福建御史李邦珍以二月中福建倭寇攻陷寧德平海城及都指揮歐陽深死狀聞因言破平海者乃閩之南境賊其初自福清等處登岸破寧德者乃北境賊其初自福寧登岸皆閩中大患而南賊尤劇已經累次調兵勦捕而總兵俞大猷赴

援濡滯遊擊何本源等私掣回戍兵致忠將陷沒
地方失守乞明示賞罰以昭勸懲
上從部議令張臬譚綸嚴督劉顯等協力勦之刻期
蕩平大猷姑戴罪自效本源下巡按御史逮治歐
陽深賜棺殮銀五十兩廕一子爲世襲指揮僉事
仍立祠祀之
巡按御史李邦珍勘上福建勦平舊倭狀先是賊
兩破寧德城屯據橫嶼嶼去縣十餘里四面皆水
路險隘不便深入故官軍民兵與賊相守逾年莫
敢決戰者四十一年七月內總督尚書胡宗憲檄

總兵俞大猷劉顯遮之于途擒斬幾盡餘黨俱遁入海平海賊聞之始懼欲遁爲官軍所扼不得出乃移營渚林逼南時副總兵戚繼光自浙江應調至臣素知其勇略使領中軍顯左軍大猷右軍及戰繼光先進薄賊巢左右營繼之四面合圍因風縱火賊死戰皆灼爛巢中積屍及焉無一人得脫者因叙諸臣功以繼光居首顯大猷次之募兵督戰如副使汪道昆叅議萬民英又次之爭先陷陣如把總胡守仁等又次之邀賊助陣如義士許朝光劉文敬又次之而二司府縣等官萬衣等之給

餉紀功屯兵分守均宜敘錄至于江西巡撫胡松南贛巡撫陸穩浙江巡撫趙炳然調兵赴援之功亦不可泯而原任巡撫游震得指授于去任之日參政翁時器效死于戴罪之時勞績益著固不當以昔日之過而盡掩其功也疏下兵部議覆得旨

天地

宗廟垂佑入閩底寧各官協謀戮力功實可嘉綸陞右副都御史巡撫如故繼光署都督同知仍廕一子爲錦衣衛正千戸各賞銀三十兩紵絲二表裏顯于祖職上陞二級與大猷各賞銀二十兩紵絲

一表裏道見陞一級民英陞俸一級守仁等二十一人各陞二級朝光文敬各授原籍所鎮撫仍與守仁等各賞銀十兩炳然松穩各三十兩二表裏衣等十二人各十五兩震得令按臣詳勘前後功罪以聞時器仍逮京從公問擬

初南京兵科給事中范宗吳言故事操江都御史職在江防應天鳳陽二巡撫軍門職在海防各有信地後因倭患遂以鎮江而下通常狼福等處原屬二巡撫者亦隸之操江以故巡撫得以諉其責于他人而操江都御史又以原非本屬兵難遙制

亦泛然以緩圖視之非委重責成之初意矣自今宜定信地以圖山三江會口爲界其上屬之操江其下屬之南北二巡撫與操江仍併力應援不得自分彼此庶責任有歸而事體亦易于聯絡章上

上命南京兵部會官雜議以聞至是議定兵部覆請行之詔可今後不係操江所轄地方一切事務都

御史不得復有所與

故海寇王直餘黨洪迪珍降伏誅迪珍漳州人初與直通番後直敗其部下殘倭乃依迪珍往來南澳浯嶼間懼官軍誅之聲言聽撫而剽掠如故至

是勢窮率其子文宗自詣福建海道副使邵楩所願立功自効總督都御史張臬收下獄馳疏以聞詔卽其地斬之

福建巡撫譚綸條陳海防善後事宜兵部覆行其五事一復水寨舊制自福寧南下達漳泉治水寨五以扼外洋法甚周悉今宜復舊以烽火門南日山浯嶼三䑸爲正兵銅山水埕二䑸爲遊兵寨設把總一員領之而爲之分信地明斥堠嚴會哨殿功罪使總覈有經坐收實効一處兵將副總兵戚繼光宜擢爲總兵鎭守全閩仍增設坐都司一員

把總二員充其任使其原設三路叅將悉宜改爲守備總兵官俞大猷宜復還神威營與南贛軍門權爲一在福建止備汀漳二府三寇一處客兵福建新募浙兵列爲二班各九千人上班者以九月初一日爲始用防秋汛至十月散回下班者以十月初一日爲始赴戍所防春汛至六月中散回更番迭上歲以爲常不得變亂行伍違悞戍期一團練主兵各縣額設民兵宜汰其老弱盡以精悍者充補仍分爲二部一屬本縣掌印官訓練防守一聽巡捕官赴府團操每府委武職一人統督該府

掌印官監督兵備道以時閱視別其勤惰而賞罰
之一申明職守沿海及腹裡府州縣與衛所同住
一城及衛所自住一城者若遇攻圍不能固守衛
所掌印捕盜官俱照守邊將帥失陷城寨者律斬
其府州縣捕盜掌印官送部降級別用自今宜申
明職守着為定例
上命兵部同三法司詳擬失陷城池罪例以聞條如
所議法司覆上舊例失陷城池府州縣掌印捕盜
官降一級別用守巡兵備官參究治罪法止此耳
果屬未當時是不問沿邊沿海腹裏都司衛所自

居一城及與府州縣同一城者但遇賊攻圍不固守輒避去及守備不設爲賊掩襲而入殺虜三十名以上者都司及各該城衛所掌印幷捕盜官俱視守邊將帥失陷城寨者律斬同住府州縣掌印與捕盜官不固守而輒棄去失陷者罪同若在城同守止以防禦不固失陷者發邊遠充軍兩縣與衛所同城者第以賊從某縣所轄城入坐掌印官與捕盜官罪如前例其餘衛所府州縣佐貳首領官但有分守信地致賊于所守之地入者充軍各城原無都司衛所而府州縣職守專城者各掌印

捕盜官俱論斬兩縣同附府城亦止以賊從某縣所轄城入掌印捕盜官論斬其府州縣佐貳首領官但有信地被賊于所守之地入者并各州縣未設城池而被賊攻入者亦並充軍其守巡兵備官駐劄該城先期託故遠出或臨時潛匿及守備不設致失陷者亦充軍守巡原無定駐止遥制失陷者參奏爲民

上皆是之命刪去前例而以今所議者著爲令吏部亦覆綸二事一重監督大將臨戎非素所同心文官與之終始則臨事矛盾成筭有乖今陞級副使

汪道昆本監戚繼光軍宜即陞爲本司按察使與繼光共理軍務一舉賢能參議金浙運同劉汝順同知劉宗寅久居閩地習其土俗遇有陞遷請即于本省推補户部覆論四事一請錢糧本省軍需歲用計三十萬兩而額兵備十萬兩兵荒之後不當重取于民請移南京户部折糧草銀十一萬漕司河工銀二萬淮浙鹽銀各二萬廣東椒木銀四萬給之一緩征科延建汀邵之間聚落成墟污萊蔽日若急責有司以催科彼必以應文逃責之心爲遠禍全身之計有司觧民民觧有司其害有不

可勝言者請將內庫折銀稍從寬限不必拘近例
降罰一蠲租稅莆田平海寧德政和等殘破之縣
當大破常格與之更始被倭尤甚者不論起存錢
糧免徵三年次者二年又次者一年一復額糧福
建舊設馬步官軍四萬八千餘人俱有額糧邇來
尺籍空虛所餘額糧往往那移別用請及今地方
稍寧查覆舊糧然後主兵可以漸補免調募之費
詔俱允行
改南直隸狼山副總兵為鎮守總兵官兼轄江南
江北以署都督僉事劉顯充之從提督侍郎趙炳

然議也
巡按浙江御史張科劾上去年十二月巡撫都御
史趙炳然督兵備副使陳慶都指揮宴繼芳陳應
龍温州府通判楊岳等剿慶元倭功
上從部擬陞炳然右都御史兼兵部右侍郎巡撫如
故慶等各陞二級賞銀二十兩繼芳等六人各一
級仍與應龍等十一人各賞銀十兩
禁止通海遼船先是因遼東饑暫許遼登萊糴穀
既而遼商利海道之便私載貨物往來山東守臣
恐海禁漸弛或有後患疏請禁止從之

巡撫應天周如斗言江南自有倭患以來應天蘇松等處加派兵餉銀四十三萬五千九百餘兩今地方已寧乞減三分之一少甦民困戶部覆言加派兵餉原以濟急事已宜罷不但當減徵分數而已請下酌議悉除之報可

嘉靖四十三年

福建總兵戚繼光追擊仙遊縣殘倭大破之時閩中舊倭略平餘黨復糾新倭萬餘攻仙遊縣城圍之三月繼光引兵馳赴之大戰城下賊敗趨同安繼光追至王倉坪斬首數百級墜崖谷死者餘衆

尚數千奔漳浦縣之蔡丕嶺繼光分其兵爲五哨身自持短兵徒跣緣崖披棘而上迫壘賊伏發繼光氣愈厲督各哨兵入賊巢殊死戰擒斬又數百人于是閩寇悉平其殘寇得脫者流入廣東界掠漁舟入海

福建巡撫都御史譚綸以寇平請終喪許之

以福建倭亂免福興泉三府及福寧州福清莆田南安漳浦等縣正官入覲

福建巡撫都御史譚綸以王倉坪蔡丕嶺捷聞詔先賞綸與總兵戚繼光銀幣其餘有功者俟勘至

附敘

贈福建武生薛天申爲指揮僉事附祀鄉賢祠其子熙冠帶總旗陞泉州衛舍人周岳鎮子一級天申晉江縣學生從軍至冠帶把總先是賊犯興化泉州衛天申與岳鎮俱隨指揮歐陽深禦之陷伏中俱死事聞詔先䘏録深下三人事于巡按勘報至是覆實乃有是命

贈福建延平府死事同知贈参議奚世亮祭葬初世亮署興化府印會倭大至城陷被殺已贈官録廕矣至是其妻復請祭葬許之

鎮守狼山副總兵劉顯行部至通州同知王汝言
不爲禮執其左右鞭之顯上疏劾汝言抗違明旨
以原奉勅書中許其節制知府以下故也詔降汝
言一級
世廟識餘録云按武臣之束濕於文吏久矣茲以
軍興故　朝廷向意將帥而劉顯之勇敢又方倚
爲東南保障故其疏得行而後來絶無此事矣尚書
徐學謨按此足爲武臣吐氣故録之
廣東官軍擊潮州倭寇破之初歸善縣賊伍端温
七既破參將謝敕兵未幾温七兵敗被擒端自縛

軍門求殺賊自効端即所謂花腰也總兵吳繼爵俞大猷受其降都御史吳桂芳至因使爲先驅督賊官軍繼之圍倭于鄒塘四面舉火一日夜連尅三巢焚斬四百餘人捷聞

上曰廣東倭寇連年征剿無功桂芳繼爵新任即有此捷其各賞銀二十兩紵絲二表裏仍令會同吳伯明俞大猷嚴督各路兵乘勝蕩平以紓民患其餘功罪候事寧之日勘處

覆論四十一年至四十二年春福建禦倭功罪

詔賞前巡撫江西侍郎胡松總兵戚繼光按察使

陞造昆等銀幣有功指揮欒塤等有罪指揮闞繼
宗及知縣李一開陞賞逮治有差初興化寇平巳陞
賞巡撫譚綸等至是御史李邦珍追勘閩賊破亾
由胡松先調浙江兵把總欒塤等敗賊于陜陽遂
甌寧繼光等因以兵繼之前後共擒斬三百餘人
疏請并叙故有是命
褫原任福建都御史游震得職爲民初震得坐倭
破興化府回籍聽勘至是勘上兵部覆當罷斥從
之
御史陳瑞勘上三十八年夏崇明縣三沙禦倭諸

將功罪詔陞指揮伍維統等二級守備高湜等一級其餘贖罪恤賞提問有差

添設廣東海防僉事一員廣東舊設海道副使駐劄省城兼理市舶會倭亂海道專備惠潮以市舶委之府縣于是提督兩廣都御史吳桂芳自東莞以西直抵瓊州屬副使攝之仍制番夷而更設海防僉事巡歷東莞以東莞豐惠潮等處專禦倭寇有詔如議暫設竢事寧已之

廣東官軍大敗倭寇于惠州海豐縣倭初自福建流入廣東會兩廣南贛各軍門徵調漢土兵大集

乘其初至急擊之賊懼悉奔崎沙甲子等澳奪漁舟入海暴風皆覆溺得脫者僅二千餘人留屯海豐金錫都總兵俞大猷帥官軍四面圍之相守且二月賊食盡欲走報效副總兵湯克寬伏兵火埔寮窖口以待之賊至伏發賊乃大驚擾克寬斬其梟帥三人參將王詔等兵繼進賊遂大潰擒斬一千二百餘人各哨軍前後所得零賊又千餘人于是餘倭無幾不復能軍散遁入山藪各兵乃分道搜之

以廣東倭亂免惠潮韶肇等府州縣正官入覲

原任福建巡撫譚　以回籍守制上言自閩中被寇
以來臣經略便宜自五寨三路之外已稍稍有緒
然皆救患于目前耳未及久安計也因陳善後六
事一議將言自古當　必令大將運籌而佐以偏裨
今獨恃一戚繼光令其左支右吾四面當寇繼光
雖信才勇力亦不能及也福建都行二司有備員
者六人乞勅該部行撫按等官考察去留舉才之
補之隨宜選用如守備胡守仁把總傅應嘉者以
充則官不必備而分任有人矣一議兵福建之兵
所以積弱者爲未練也臣當練之而又病于未專

也是客兵終不可罷然非策矣乞許撫臣得取各縣團操民壯之半與各巡司弓兵給以客兵之食集之省會分爲二營營三千二百人設練兵都司二員分統訓練則可以漸減客兵而增主兵但軍旅事法當威嚴訓練之初易生謗怨仍乞假之事權不從中制使主帥之令得行于下而後實効可臻一議食福建賦稅自兵興以來未入于朝廷者多矣今議者必以寇亂稍寧欲爲催徵之計不知瘡痍未起荒蕪未闢而一旦督追數年之逋是敺之盜也宜下撫按酌議已徵者量留地方未徵者

姑免追併一寬海禁閩人濱海而居非往來海中則不得食自通禁嚴而附近海洋魚販一切不通故民貧而盜愈起宜稍寬其法一增設縣治汀漳延平間縣治太遠不便防姦請立縣于河埠東西坑東洋三處令有司就近約束一議處有司本省郡縣僻在山海法令疏濶民易爲亂今後宜愼簡甲科中有才望者以任守令勿以衰殘舉貢及槩用江廣之人就近銓補疏入下所司議覆允行惟寬海禁設縣治行撫按官再議以聞

提督兩廣侍郎吳桂芳等以海豐捷聞

上嘉桂芳及總兵俞大猷吳繼爵巡撫吳伯朋及叅將王詔功各賜銀幣復報効副總兵湯克寬祖職所効功次仍令御史覈實具奏

蔭故莒州死事省祭孫鏜一子爲國子生先是三十三年鏜寓居松江會倭亂鏜自具弓劍帥壯士百餘人擊賊于南匯敗之追奔至葑門射殺十餘人創數十人賊退屯石湖橋鏜乘勝深入陷重圍中戰死事聞已得旨贈光祿寺署丞矣至是御史陳瑞言鏜以羈旅之身本無官守義憤所激捐貲糾黨以赴國難奇功屢奏不幸孤軍無救死事甚

偉功高報微忠魂未慰乞加叙廕以勵方來兵部
覆請之
嘉靖四十四年
巡按直隷御史溫如璋條上備倭方略一修城堡
以防要害蘇松濵海倭夷出没宜于川沙吴淞之
間修復旱寨舊城以防嘉定上海劉家河港口更
建小堡一所七了白茆等處各設水船旱栅以防
太倉諸涇一裁武冗以專職守蘇松叅將宜復駐
金山團練諸軍守蘇松二府其柘林把總改駐崇
明統兵防守金山遊擊似爲冗員宜革一聯備禦

以固防守浙直接境不得互相推諉宜將會哨兵
船通令督府置立哨簿委官稽查在狼山福山者
遠哨于崇明而專守三沙一帶在松江嘉興者遠
探于外洋而會守獨山一帶如江北兵船不至三
沙浙直兵船不會獨山皆以守備不設論罪疏下
兵部覆如其議惟裁武冗一事仍行撫臣再議以
聞報可

倭寇通州呂四場等處官軍禦之賊敗遁轉掠至
江南三沙副總兵郭成等帥迎擊之于海中沉其
舟斬首百十三級

倭寇浙江温台境官軍出海擊敗之于塢𠃌竹嶼出外洋而還

倭寇自浙江台山海洋突犯福建福寧州總兵戚繼光督叅將李超把總魏宗瀚合水陸兵擊敗之斬首三百餘級乘勝追剿原倭斬首百餘級

巡撫福建都御史汪道昆以四月中總兵戚繼光追勦福寧永寧二處倭寇狀聞詔御史覈實論功仍先賞繼光道昆及叅將李超把總魏宗瀚銀幣有差

罷浙江寧波府市舶議先是言者常欲比廣東事

例開市舶以通海夷至是浙江巡撫都御史劉畿
言寧波舊額市舶司聽其貿易征其船稅行之未
幾以近海姦民侵利啓釁故議裁革今人情狃一
時之安又欲議復不知浙江沿海港口多而兵船
少最難關防此釁一開則島夷嘯聚其害有不可
勝言者
上亦以爲然事遂寢
福建興化府被倭殘破後詔莆田縣一應起存錢
糧自四十年蠲免三年其以前帶徵拖欠錢糧悉
行停罷斷自四十三年以後徵稅如故至是巡撫

都御史汪道昆言該縣死徙未復田多未墾遽徵賦稅恐民力未敷詔于原限外再蠲免一年自四十四年以後仍前徵

先是浙直總督胡宗憲以侵盜軍餉爲言官所劾宗憲以書抵所親羅龍文賄求嚴世蕃値世蕃被罪書未達仍匿龍文所及龍文伏誅巡按御史王汝正奉詔籍其家得宗憲所與龍文世蕃書上疏獻之言宗憲昔與王直交通幷藉龍文爲內援相與諂事世蕃故事久不發今蒙 恩放歸之後不思補過愈肆猖狂招集無賴纍横鄉里其罪不減

于世蕃龍文乃二犯已正明辟而宗憲獨以奉免恐無以服天下之心臣又聞龍文長子六一者素稱大猾且習通倭初匿宗憲家今不知受指何嚮矣使六一得亡南走倭恐江南之事其大可慮者又將在此疏下都察院參覆得旨令錦衣衛執宗憲來京詰問革宗憲子錦衣千戶松奇職為民六一下撫按緝捕已而宗憲疏辨叙平賊功并節年獻瑞蒙　恩以致言官忌疾且訐汝正私受所屬賍

上心憐之亦下法司併訊刑部因請將汝正宗憲互

許事情行巡撫操江都御史勘報從之宗憲等死
干獄詔免勘
巡按浙江御史龐尚鵬類勘是年四五月間倭寇
分道犯寧波溫州二府諸家尖烏石塘等處參官
軍出海斬獲功
上從部議陞巡撫劉畿俸二級海洋參將吳國職一
級副使查綸譚鵬舉各陞俸一級遊擊艾陞等賞
銀十五兩知府吳道植李廷觀等十兩
兵部覆巡按御史韓君恩奏山東登萊三面瀕海
自蓬萊抵膠州二千餘里海島紛錯國初建立營

衛所寨以備海防倭慮至遠也然倭夷其來有時
防之猶易頃因遼左告饑當事重卹民困暫許通
船糴販以濟一時之急而豪猾因藉爲姦往往駕
巨艘入島嶼採木貿易且利其土饒遂攜妻孥以
居因招集亾命盤據諸島時出刼掠土人莫可誰
何此直患視倭尤甚移文巡撫嚴督海道備倭等
官整飭登萊戍務各將快壯軍兵練習墩堡城寨
修整并嚴諭各島居人在內地者悉還本業在外
地者但還原籍儻其人係遼東金州等衛軍丁則
會同遼東巡撫一體處議從之

諭四月中直隸江北通州等處禦倭功陞總督侍
郎王抒俸二級賞銀三十兩陞把總李錫二級叅
政姜顧俸一級俱賞銀二十兩兵備副使劉[illegible]叅
事張佳胤鳳陽知府劉溱通州同知張問紀功判
官[illegible]佶各十兩下失事副總兵王應麟把總馮光
化于御史問
巡按浙江御史龎尚鵬類勘是年四五月間倭寇
分道犯寧波溫州二府諸家尖鳥石塘等處各官
軍出海斬獲功
上從部議陞巡撫劉畿俸二級海洋叅將吳國職一

級副使查綸謝鵬舉各陞俸一級游擊艾陞等賞
銀十五兩知府吳道植李廷觀等十兩
上諭大學士徐階曰昔我論嵩暇一習武彼曰佳兵
不祥言[redacted]何也果古北口欺犯不小茲不次報北
情慱何不預防之以我意寧過勞于先勝似成功
于後何如階對保邊固圉莫過于預防嵩昔妄引
佳兵不祥之言以阻習武之論其見謬矣今北虜
強悍欲其絕不擾犯固難惟預防也且今兵部之
任甚難措理邊事在總督巡撫兵備而其用舍則
由吏部論劾則由科道調遣人馬必用錢糧而戶

部則毎稱缺乏傍人則動議多費其所能自主張
者惟数将官而已将官又無權近奉
明旨重将權而文官黨結不奉詔然則兵部欲行其
志及欲得将官用命不亦難乎此望
聖明爲之一處也
上報曰将官執權恐甚難也不辱不挫公同爲國足
矣且今之将多無出類之才豈能勝人卿謂一處
之其何爲處之之法焉臣對臣言将官無權非謂
令将官執權也今各鎮将官職務動有掣肘如把
總等官兵部題奉欽依許各将自行推用而今則

仍聽于巡撫兵備既已擇將凡選練便宜即行付之而今則以書生之談畫成圈套強之必行兵馬策應急于星火而關支錢粮不時常至饑餒且總兵于地方爲行事之官而府州縣官至與抗禮參遊爲領勑之官而巡撫至加鞭笞其他跪拜稱呼誠卑屈太甚今之將才誠莫逃于
聖鑒多無出類然使不大辱挫以作其氣當不至萎靡至此尚可責以用力也夫人心公則一私則萬殊自文武不肯協力之私意一生漸至于總督巡撫兵備亦內相矛盾邊事如此其何能整理仰惟

聖諭不辱不挫公同爲國八字固已盡處之之法乞
天語叮嚀令各將官一意遵行而懲其不率者則
邊疆之幸也
南北一體文武不可偏重
聖諭不辱不挫公同爲國至哉言乎可以爲萬世法
矣故謹録之
嘉靖四十五年
勑南京兵部尚書節制振武諸營領兵都督以下
仍會同操江及應天淮楊兩巡撫從宜調度兵食
以備倭患

兵部覆巡按御史韓君恩奏山東登萊三面濱海自蓬萊抵膠州二千餘里海島紛錯國初建立營衛所寨以備海防倭慮至遠也然倭夷其來有時防之猶易頃因遼左告饑當事重卹民困暫許通船糴販以濟一時之急而豪猾因藉為奸往往駕巨艘入島嶼採木貿易且利其土饒遂携妻孥以居因招集亡命盤據諸島時出刼掠土人莫可誰何此其患視倭尤甚移文巡撫嚴督海道備倭等官整飭登萊戍務各將快壯[illegible]千兵練習墩堡城寨脩整并嚴諭名島居人在內[illegible]已者悉還本業在外

地者俱還原籍倘其人係遼東金州等衛軍丁則
會同遼東巡撫一體議處從之
原任南京兵部尚書李遂卒贈太子少保賜祭葬
如例遂江西豐城人嘉靖丙戌進士授行人累官
禮部郎中以事忤尚書夏言左遷湖州府同知尋
入爲南京禮部郎中累陞都察院右僉都御史提
督操江會庚戌虜變召赴闕至則失大學士嚴嵩
意罷廢家居乆之用薦起提督淮楊軍務平廟灣
倭寇進南京兵部右侍郎召提京營已復陞南京
兵部尚書會病乞歸卒于家遂姿貌瑰偉博學有

論發兵征倭（嘉靖三十三年五月十三日）

臣前日同臣嵩等因見浙江南直隸等處撫按等官奏報倭寇猖獗蘇松等府通泰等州民遭焚刼慘毒之甚深惟財賦重地前賊宜速勦滅題請

勑下兵部會議兵糧等事荷蒙

聖明允行隨該科道官各題要設官調兵又該主事郭仁等揭送兵部要得戶部發銀差御史一員選募山東長鎗手數千名前去征勦蓋以江南無兵蘇松尤甚而長鎗手勇悍可用也今聞諸臣會議率云此時發兵比至則賊已去空自勞費兵部不

能獨持姑議令叅將李逢時帶領山東存留民兵三千名前去臣聞此兵係是入衛揀退之數技能素劣調去無用夫兵事誠非臣書生所知但稽諸往事倭寇自去年以來倏去忽至迄無寧息南沙盤據歲餘始散又據撫按奏報或云來者未已或云意不在搶而在擾勢不欲去而欲留彼皆身在地方必有所見今諸臣何以能必賊之已去且能必其去而不來而只以懸度輒阻調兵置江南于度外此臣所不能解也凡用兵之道使勢不容已則當選擇精銳以冀有功使在可已則雖精兵亦

不當調以省勞費今不能決可否之實而姑以弱
兵應文塞責徒費無益此又臣所不能解也臣愚
伏乞
皇上再下兵部令詰問諸臣若于賊情果有真見保
無他虞則此三千之兵亦不必調若出漫說則須
別議精選毋致空行重貽
君父南顧之憂緣此事關係重大臣不敢緘默伏乞
聖明裁斷

答倭情　諭嘉靖三十三年七月十八日

伏蒙　聖諭近者卿嘗以倭情奏朕未有答者夫

皇祖設官無不備焉彼地似無人之場歎此時愈肆
欺上他每不知處喜爲上人没正化所致由他去
否何不先事備之昨秉一謂卿居賊不敢侮然亦
可見卿忠誠者兹復賜諭承之臣近者具奏倭情
竊懷出位之懼兹特蒙　賜諭臣不勝榮感不勝
榮感仰惟
皇上至仁大德念念在民使中外諸臣能仰體
聖心之一二則此財賦重地豈至殘破惟是撫臣不
能督率備倭等官先事備之故雖
皇祖設官至備而倭寇深入如蹈無人之境有若

聖諭之所云者昨來告急職方郎中首倡不必發兵之說衆皆惑之臣是以只得冒昧具奏荷蒙聖明主張該部始發山東鎗手計此時當渡江矣昨發兵命下江南臣民無不感戴上祝　萬壽至于臣居仰賴　聖庇得免焚燬此尤一家之切感也臣敢不欽承　聖訓誓忠誠圖報聖恩于萬一

再答倭情　諭一　嘉靖三十四年五月十七日

伏蒙　聖諭以目今賊情下問仰見皇上軫念東南財賦之地欲得賊情之眞臣無任感

牽至于當事者不忠之狀莫逃
聖明洞察　國法具存治其一則餘人當知警畏矣
臣去歲具奏之時尚聞此賊是眞倭近來細訪乃
知爲首者俱是閩浙積年販海劇賊其中眞倭不
過十分之三亦是雇募而來者只因初時官司不
能討捕彼見地方無人又得利甚厚故舊者屯據
不去新者續增無窮而沿海無賴貧民所誘脅因
而從之故其徒日繁其勢日猖獗昨瓦氏兵到賊
初聞甚懼當事者不能督使乘銳進勦且將彼兵
分散各處勢力不全遂致大敗賊今四出殺掠事

甚可慮所幸湖廣土兵新到尚未交戰其狼兵敗者亦只瓦氏一枝尚有四枝未戰且看一二日間再報何如也今總督已易置所有用兵諸事須大破連年蒙蔽因循之習乃可望有成功臣早間寄書周琬勉以竭忠圖報俟有區畫疏至伏望

聖明裁擇施行其賊情并地方一應事情臣嗣後有

聞容另具奏

嘉靖三十四年
五月二十一日

伏蒙　聖諭朕以軍情問卿當對以見行謂嗣聞另說然連日未知臣前　荷蒙　賜問緣見行者

如當事諸臣不忠之狀
聖見既已洞察其餘處置事宜臣凡有見聞即對臣
嵩等言之隨事擬票
上請已蒙 聖裁施行其待嗣聞另奏者緣連日未
據有報是以不敢輕奏然以臣意料之昨寇嘉興
常熟之賊若係舊賊出劫則其精銳已敗搗巢無
難若係新來之賊則搗巢必須運謀奮勇乃可取
勝而諸臣奏報欠明今未知彼中事勢何如大抵
猶是蒙蔽因循之故習也蒙 諭一切政務不宜
憚隱臣受 天恩深重捐糜圖報實臣素心豈敢

憚隱夫有君有臣政乃可成即如南寇一事
皇上于用兵卹民　留念至矣而臣下莫能祗承
德意兩年未克平定目今伏乞　勅下吏部精選
知兵忠寔之人以任巡撫而勿使昏息者得以冒
推庶能稱　任使之萬一至于獎廉斡黜貪懦使
民不至困苦而從賊兵肯効力而殺賊此則又不
獨于平南有助于吏部當然也伏候　聖裁
請以兵事責有司　嘉靖三十四年六月十一日
昨日巡按直隸御史周如斗今日總督周珫各奏
報賊情臣儁審差来人知舊賊未殄新賊復来目

今四散殺掠蘇松兩府既被殘害而其狂謀又且

欲窺南京勢甚猖獗除縱賊釀亂之臣已蒙聖

明逮治及添調兵馬責成督撫官勦殺等事兵部

看覆外臣竊惟用兵固在督撫而有司官亦各受

地方之寄使有司能以地方為念則錢粮必預行

處辦不致兵有枵腹出戰之苦賊情必豫為哨探

不致兵有臨期冥行之患奸逆交通者必多方緝

捕不致兵機有漏泄之虞鄉兵必如法團結教練

不致地方有隨在空虛專恃客兵之弊今皆不然

安望賊之破滅然有司所以敢于如此者其故有

二一曰推陞行取率有常期奔競鑽刺積成習俗故各官當此多事之時上者望循資下者逐蹊徑惟思脫去地方無有任事之志一曰府州縣官號為守土中間雖設有衛所然其城池必曰某府州縣之城不專以城守委之軍官也去年刑部乃創一例凡失陷城池者軍官論死文官止于降級故往往輕視其城不復慱求禦賊之計而反笑張巡許遠以為拙矣臣愚伏乞

皇上察臣所言如有可採于兵部覆奏　特賜御批董責有司并　勅吏部毋照常推陞行取俟賊平

之後有功者總論超遷兵部會同法司援據大義
改定文官失陷城池之罪庶于兵事有益
荅南非兵食　諭嘉靖三十四年六月十九日
伏蒙　荅諭卿奏非件此亦不是緩務而今急不
得備目即秋防且以人力禦之臣今日敢以非件
具奏者正以事關緊要且又秋防在邇須預為隄
備
皇上謂以人力禦之仰惟　聖見允當但聞二鎮兵
疲馬弱人力之禦今未審足恃否臣思憂過計欲
乞特諭兵部使身任而力圖之庶保無虞蒙問

祖宗時曾有南件擾否臣查得洪武二年正月倭夷入寇山東海濵郡縣二月　賜日本國王璽書諭之三年三月遣萊州府同知趙秩持　詔往諭七年七月又寇膠州及大任海口十四年七月以倭縱民為盜　命却其貢二十年六月以寧波府昌國縣民從倭為寇徙為寧波衛卒則南件之擾在
太祖時已有之今蒙
皇上遠治當事之結縱者罷黜其不職者厚賞將士之力戰者功罪既明人心胥奮此賊行當殄殲矣其米貴　諭部之劄臣謹欽遵密撰上請　聖裁

答南賊 諭嘉靖四十年十月二十四日

伏蒙 聖諭説南賊無理之甚或有使之為亂何意焉臣聞此賊盖因近来有司貪暴民不聊生故一倡百從相聚為亂是賊意無他只為虐政所逼衆有司者寔使之耳目今用兵亦不過救急之着縱能勝之恐隨滅隨起未得永寧若欲治其根源須在吏部塞賄嘱之門選任循良而後可然未易言也臣書生迂見伏惟 聖明細訪詳察

答東南寇氛宣大遼東邊事 諭嘉靖四十一年五月初一日

伏蒙　聖言東南寇氛何如宗憲昨疏內云之疾
果何以東縉二臣之彼日雖淺亦聞以何云臣聞
廣東福建寇氛皆熾福建尚猶星散廣東則已築
有城堡設官紀元僭逆為甚向聞廣東以三月十
六進兵近又聞以四月十八進兵凡調狼兵十萬
人此一件臣頗憂之蓋調兵太衆則粮餉難給東
南素多暑雨今進兵以四月勢難久聚若仰伏
皇上天威一鼓即平其穴則甚幸也憲宗得風疾今
雖稍愈然江西亦不曾親行昨科疏疑為假託則
又因其素行而過疑之耳東近有本到言宣大宿

弊頗詳明其意專在保全邊堡次第修舉邊務條為十說臣昨問臣儔儔以其言為然正在看覆請亦已到寧前有本討募兵銀及賞功銀等凡寧正在經畫適據楊選報稱寧前已無賊欲掣為胡鎮之兵則事勢比前稍殊矣但臣會臣燿苦苦言無錢粮應付南非之求而南非之求錢粮者又甚迫切此却未有所處為可慮也

答華浙直總督 諭嘉靖四十一年十一月初七日

家 諭浙直總督之名原無今似不必仍此可歟

臣惟浙直總督原為倭寇暫設今地方仰藉

皇上威德已就平寧而百姓遭其恣肆擾害之後有資綏輯令不必仍此只設巡撫而于勅內開寫如浙直有警互相應援之語寔爲便益但聞其招聚各處無賴之徒爲兵又用平素作賊之人領兵甚是驕悍今炳然似須加提督軍務字樣依部疏與進部銜以重其體貌事權臣謹改票上請伏乞

聖明裁定

右見世經堂集中大學士徐階承

聖諭而答之者

世宗肅皇帝深居玄默而慮周海外所以一時賊勢
猖獗東南根本之地幾至不支而天威所加旋就
撲滅然非胡少保宗憲一力擔當何以能奏厥功
天下有事拖泥帶水之人自不可少只今公論大
定我
皇少採臺臣之議而官其後以錦衣又加易名焉天
下人心欣欣若以爲當然者乃大學士階桑梓之
慮獨切于時斷斷宗憲不少恕何也豈以世態炎
凉責望宗憲此中不能無不平耶嚴相嵩趙尚書
文華天下之惡歸焉然首薦宗憲者趙文華也所

謂非魏無知臣安得進自古未有權臣在内而大
將立功于外者宗憲之立功正相嚴柄　國之時
豈盡以賄進耶使與徐文貞易地而處事故未可
知嗟々天下事蓋難言之矣
世廟識餘録云按初倭入内訌江南人俱歸罪于
王直爲之謀主
朝廷亦懸不次之爵冀以擒直顧茫然海島中何所
蹤跡而宗憲以同鄉故既易手用間而其材智膽
畧亦自有大過人者故卒縛直以報
天子功亦偉矣而言事者阿新輔臣意誣宗憲黨直

勾倭必欲殺宗憲以快其所仇此天下之太寃而
至今無人白之也頃萬曆庚寅間始稍蒙卹典然
報之亦未盡古云功蓋天下者不賞以此 尚書徐學謨
世廟識餘錄云按倭起東南時人皆以王直爲之
發蹤而議以得直首即封侯不吝比宗憲既擒直
殺之而書生之論顧不以爲功而以爲罪亦可笑
矣蓋宗憲專倚嚴嵩父子爲奥援故厚賂叢其室
而他輔不如也嵩父子既敗宗憲 喪家狗耳而
言者又指宗憲爲直黨非
聖明洞燭宗憲之要領能保全哉三代下以有豪傑

無聖賢故規行矩步必不能以集事而使貪使詐或可以樹功此宗憲之大都如此 尚書徐學謨

世廟識餘録云按宗憲總督時度權臣在内大將未有立功於外者故阿嚴氏少過而後來當事者心恨之因併掩其平倭之功而汝正遂承望風旨乃有是疏欲加之罪至與世蕃龍文同論藉合

聖明不察宗憲之首領不保矣江南人心怨忿何極乃卒降

旨以宗憲所計汝正者下法司同訊而刑部爲之調停姑行巡按操江勘報實當事者授意爲汝

嘲也又聞宗憲方就逮而徽州知府何東序即封錮其宅以候籍沒及宗憲死竟蒙免勘之恩
天子神聖果群臣莫及也尚書徐學謨

皇明馭倭録卷之九

兵部車駕清吏司主事臣王士騏纂

隆慶元年

以是年春汛福建擒斬倭賊功賚巡撫涂澤民總兵戚繼光及左布政使劉光濟銀幣有差

隆慶二年

海賊曾一本勾引倭寇犯廣東破碣石甲子諸衛所官軍禦之無功雷瓊叅將耿宗元御下素嚴及是聲言欲斬敗將周雲翔廖鳳曾德久廖廷相雲翔等大懼乃謀作亂會宗元閱兵于教場雲翔等

忽鼓譟躍起手刃宗元執通判潘槐以叛遂與賊合巳而潘槐自賊中誘擒廖鳳獻之巡撫都御史熊桴所桴具以聞給事中張鹵因劾桴解紛無略抵飾虛詞而原任總督張瀚候代未行坐視不省及總兵郭成逗遛朝陽按察使張子弘監督無狀乞并議罰得旨瀚降一級聽用桴等俱住俸戴罪勦賊

刑科給事中魏體明條上兩廣用兵事宜一選將領謂海寇曾一本猖獗而倭奴復巢碣石平山等處惠州危急師久無功宜選拔將材勿拘常格一

募土著謂客兵害多利少不必再募東莞新會香山順德惠湖沿海之民習水戰知地利可召爲兵令以其七出戰而三屯耕以省糧餉且暫免其租

一議征勦謂海寇日熾皆有司招撫之說誤之如賊首王端黃世橋輩旋伏旋起遂成不制今宜勦守臣一意征勦而宥其脅從者

一預海防謂廣中禦寇多資新會順德東莞等處烏艚横江等船在昔船戶有輪差之便無納稅之苦今既課其稅而復役之如故民不能堪宜復其輪差而不入其稅

一覈功實謂軍中虛張捷報隱匿失事爭取首級

妄殺平民皆宜嚴禁一專責成謂廣中軍法不振
蕩平無期宜責督撫申明紀律令後有怯敵僨事
都指揮以下斬首陣前總副等官取死罪案奏請
而督撫等官不能策勵蕩平者紀功御史論之御
史故縱者科道論之
上採用焉
初廣東叛將之殺耿宗元亾入賊巢也賊屯兵平
山大安峒等處入掠海豐縣從鹿境渡河會總兵
郭成等方率兵進勦而南贛巡撫張臬亦遣參將
蔡汝蘭等兵至于是賊兵趨大浦白雲屯以入平山

夾攻之凡月餘各部共擒斬一千三百七十五人
内生擒其倭酋丘古所一人從倭一百餘人奪歸
被虜通判潘槐而下六百餘人叛將周雲翔潰圍
出走成部卒擒之捷聞
上命先賞蔡汝蘭而下兵部議功至是部言郭成蔡
汝蘭執訊獲醜張瀚熊桴運籌制勝張翀救災恤
隣其功均宜先叙而藩臬有司官張子弘等坐營
守備李峨等二十四員并其餘獲功官兵乞行紀
功御史勘奏丘古所及周雲翔等即令梟示以正
國法得旨張瀚復原職聽用熊桴等俱開俸桴仍

與郭成張翀各賞銀三十兩紵絲二表裏餘悉如
議
總督兩廣福建軍務都御史劉燾條上廣東賊勢
及兵食至計言廣賊有五種其首惡曾一本及碣
石殘倭流毒最甚亟宜殄滅其次則沿海通賊居
民若一槩誅勦則既絕其可生之路而益堅其從
賊之志請揭榜曉諭許其自新不悛乃重賞之法
其次山賊黎汝誠等撫之固無所顧忌勦之亦不
可勝誅宜撫勦並行殄其首惡則餘黨自可傳檄
而定其次撫賊林道乾叛服不常固有養虎遺害

之憂然業已聽撫又立功海上宜察其果無異志
即當推心置腹勿使自疑此五種者皆可以計定
而不可以兵刼者也其目前平寇之計有二一厚
賞格以勵士氣查得原議賞格凡斬賊首一顆賞
銀二兩斬獲曾一本陞職一級軍中咸以爲輕乞
倣征蠻事例一人自擒斬三名顆四名顆五名顆
者陞實授一級不賞六名顆以上者亦陞一級餘
功扣賞領軍領哨等官部下擒斬一百名顆陞署
一級三百名顆陞實授一級俱不賞四百名顆以
上亦陞一級餘功扣賞例應賞者仍量賊大小成

功難易分爲下中上奇四等給散有斬獲曾一本
者若平民則陞授指揮僉事指揮即加陞都指揮
使准世襲仍照前議給賞一積糧餉以裕兵食前
者戶兵二部已發銀十萬兩今調兵數多餽餉猶
恐不給乞令戶部移文督責各省原貸廣中軍餉
銀兩速行補還幷南京戶部再發公帑五萬兩助
給兵部覆奏得旨如議
工科給事中陳吾德條陳廣中善後事宜一明賞
罰言往歲總兵官湯克寬縱賊賈禍納賄殃民宜
速正典刑不當留獄守備李茂才力戰死事雖卹

其子而本官未加褒録請贈祭如例　一復兵防言
廣東濵海者十郡而七往設兵三路歲編民船防
守法甚善頃者令民船免差納稅而改設六水寨
專守南頭㩁藩墉而獨顧門戶以致賊横行海上
宜移船及兵仍布之三路各以守備統之用防邊
海一處船戶言東莞新會順德三縣有烏艚横江
船千餘艘有警刷取兵壯器精所向成功自浙直
征倭調至三四百艘南渡之敗船戶且盡乃議官
造夫以烏合之衆操所不素習之船何救緩急宜
與復民船免其刷擄納稅以往時輪差之法行之

則可以收勇力待攻守一禁私番言滿剌伽等國番商素悍往因餌其微利遂開濠鏡諸澳以處之致趨者如市民吏雜居禍且不測今即不能盡絕莫若禁民毋私通而又嚴飭保甲之法以稽之遇抽稅時第令交于澳上毋令得至省城違者坐以法一補協借言廣東歲額兵餉不滿十萬而近復增六水寨之兵益苦不支往年浙直閩蜀有事則令廣東協濟今廣東告匱宜令四省還補舊額無重困一方一禁虛冒言將官虛募兵士冒支廩餼者甚衆宜盡厘革一議撫勦言嶺表撫勦失策曾

酋餘黨既未盡殪而撫民林道乾猶據下澹宜令當事者悉心圖之務絕禍本一卹忠勤言巡撫熊桴承命入境正山縱横之日兵食兩乏重以叛卒通倭人心岌岌而桴奮身督兵觸犯瘴癘屢成奇捷竟以身殞宜大加褒恤毋泥常格事下戶兵二部覆議可行

上從之乃贈茂才都指揮同知以桴及克寬功罪下所司議處

隆慶四年

先是正月中倭奴糾寨賊四百餘人破廣海衛城

總兵郭成奉旨戴罪海防同知常若愚改調矣未幾總督劉燾以捷上稱同知郭文通等督兵與賊戰于海晏場俘斬山海等寇二十餘人賊遁去又未幾類報先後俘斬山海等寇一千餘人而巡按御史楊標及廣民何友益等言地方被賊殺擄者以萬計與燾所奏頗異于是兵科都給事中溫純劾燾欺罔且言前賊屯據廣海時已踰三旬始自攜所掠男女回海晏索贖又踰旬始下舟賊巢是賊蓋自爲去來安得謂我兵與賊交戰有功乎兵部覆奏燾已承提督京營之命宜姑令趨任候勘

其餘將官乞行新任總督李遷嚴加策勵尅期蕩
滅以靖地方得旨郭成革職充為事官戴罪殺賊
餘俱如擬

隆慶六年

倭寇分道犯廣東化州石城縣攻破錦囊所殺千
戶黃隆又陷神電衛縣城一時吳川陽江高州海
豐等竝遭焚刼而山寇黃朝太等復起勢甚猖獗
官兵不能禦提督軍務侍郎殷正茂以聞幷自劾
待罪兵部以正茂初至任宜赦勿問
上曰廣東舊賊未平新倭復熾至陷城池皆守臣向

來怠廢玩愒守禦無策所致罪不可宥通候事寧
覈治殿正茂素有才略玆初任事其督率將領司
道等官悉力驅剿務期蕩滅其地方機宜悉聽破
格整理敢有梗撓者奏聞重治
巡按浙江御史謝廷傑請罷客兵以恤疲省練土
客以濟實用其略言浙中民困水澇正賦多逋儲
蓄空虛壯丁違戍萬一寇至可爲隱憂且今薊鎮
徵兵八千費安家銀四萬載送之舟八百黨閭廣
聞復有此情徵費愈多驅深耕易耨之良釀帶牛
佩犢之俗以下農計之萬入從軍五萬人無食從

軍既久不習爲農他日戍歸必羣起而嘯聚故金衢溫處間強禦之夫根連黨結非獨浙中之憂亦天下之憂也臣故願罷客兵以恤疲省昔浙民嘗苦倭患矣談戰則股慄拘之即孩妻子相涕泣而別無何遂以應兵爲奇貨而天下往往多稱浙兵夫浙故無兵其以有兵名自勝倭夷始他省故有兵其兵不可用由鼓舞之無具也況北人剛勁有膂力乃謂無兵誰其信之假能以待浙兵者待本土之兵當必爭先獻技希賞圖功不尤勝于浙兵之可恃哉臣故願練土兵以濟實用惟

上軫念浙中自薊鎮徵兵以後他省各邊不得藉口令亟練土兵以爲久計事下兵部覆言徵調浙兵專爲防守薊鎮他省自不得比以後雖薊鎮不必再調請勑守臣以實訓練務藉客兵之長成土兵之藝

上是之

先是廣東惠州海賊六百餘人破甲子門所殺千戶董宗儒及軍民二百餘人掠二百餘人以去朱良寶等遂反名色把總韓國李時魁領兵禦之賊夜襲破國等于程洋岡寨殺二十餘人擄六百餘

人至是巡按御史趙焞勘上其事請治百戶吳一
道等千戶田于藩等指揮李臣經歷郭標及國等
失事罪并罰治碣石寨把總白玉及海防僉事金
柱等且言甲子門所城十年三陷幾爲丘墟而程
洋岡等寨切近寇巢民不安枕況海倭無歲不來
而撫寇桀驁日甚乞責督撫官亟圖善後之策兵
部覆奏
上是焞言令停玉等俸三月柱等二月下一道等御
史問
廣東倭寇入犯新寧高雷等處官兵與戰于外杜

烏暴皆捷俘斬二百餘人焚溺死者甚衆事聞詔
下御史覈功具奏
巡按浙江御史謝廷傑勘報嘉靖三十四年以來
禦倭失事指揮張大本等義士沈宏沈惟明及死
賊節婦章氏等八人功罪死事狀詔大本等戍邊
奪俸有差贈宏光禄寺署丞録一子國子生贈惟
明府經歷並祀邑里章氏等俱如擬旌表
提督兩廣侍郎殷正茂奏撫民許瑞出兵攻剿倭
寇生擒七十八人斬首二十五級請授把總職銜
以示優異兵部謂廣道未靖姑厚其賞令盡剿諸

賊乃併授官命如部議

録嘉靖三十五年浙江平湖等縣擒斬倭寇功陞賞官軍方昇而下一百二十九人

詔復故總督浙直軍務太子太保兵部尚書胡宗憲賜祭二壇時兵科右給事中劉伯燮言故三邊總督曾銑浙直總督胡宗憲皆立功之臣竟以罪死臣甚惜之銑規復河套任事過勇而謀涉疎宗憲依附權勢糜費軍餉與夫殺戮過慘不能無罪然當倭奴憑陵之際卒以計擒首惡海波遂寧此其功罪亦當相準銑既蒙贈廕而宗憲未獲昭雪

則何以爲邊臣之勸宜稍加恤錄故有是命
萬曆二十四年御史朱鳳翔上言
我 國家功令凡首功一級以上增秩賜金有差
間有平一賊復一城者即賞以世延爵以通侯所
待勞臣殊不薄矣第臣觀長安中其衣麟横王振
珮珥貂者豈皆元勳之裔其垂黄金占赤藉唱騶
前驅緹騎後擁赫赫然稱
天子爪牙之臣者又豈皆先世搴旗斬將與借前箸
而佐末議者耶輪蓋之族或以奔競得鐘鼎之家
或以賄遺得至矣心報

主保大定傾功成再造者上之不得預茅土之封下之不得補黑衣之數此其爲人心之憤鬱
清朝之闕遺非淺鮮也臣素概于中義不容隱敬擧
忠勳最著者二臣爲
皇上陳之正統時也先入寇
英廟北狩此乾坤何等時也先臣太傅于謙以兵部侍郎出而定大冊使　國家之金甌永永無缺其功不超越千古耶他如定葉宗留于浙江定葉茂七于福建定黃蕭養于廣東皆其細故勿論時當紫荆失守徐珵創議南遷二三大臣亦且依違其

間矣向微于謙力爲主持則事機一失萬事瓦解
其禍有不可勝言者獨不見宋南渡以後日損月
削雖以張韓劉岳之雄才偉畧棋布星列卒不能
復中原咫尺之故物者何也其根本之地搖也是
于謙之正色立朝賢于張韓劉岳遠甚故于今睹
鍾簴之如故
廟貌之常新
陵寢之奠如泰山臣民之安如覆盂而于謙之功不
可泯也嘉靖時奸民外比島夷內訌東南蓋岀及岁
也先臣少保胡宗憲以監察御史出而定亂使數

省生靈獲免塗炭其功亦豈尋常耶他如午袁三
于江西平山寇于福建平張璉于兩廣皆其餘事
勿論時當王直傑鷔諸酋各擁萬騎分道抄掠暨
撫總兵俱以僨事論決
朝廷懸萬金伯爵之賞向微宗憲悉力蕩平則隄防
不固勢且滔天其究莫知所底止者獨不見宋人
西夏失守如折右臂縱以韓范之威名先後經畧
卒不能制元昊父子之稽顙者何也狐兔之窟成
也是宗憲之用奇設間似不在韓范下故于今黃
童野叟謂 國家財賦仰給東南而東南之安堵

無恙七省之轉輸不絶
九重之南顧無虞者則宗憲之功不可誣也臣伏睹
我
朝以文臣封拜者開　國佐命有誠意伯劉基中興
定難有新建伯王守仁此二臣者勲在旂常盟在
金券宣猷報功真兩無負哉于譙受
命于鞶轂震驚之際定計于謀夫孔多之時忠則純
至識則遠大力則宏鉅守則鎮定方之誠意新建
恐難伯仲至其囊無長物口不言功即聖賢處此
又何以加也胡宗憲雖視于譙少遜然以駕馭風

鼋之才吞吐滄溟之氣攬英雄廣間諜訓技擊習
水戰諸凡備禦罔不周至故能鏖數十年盤結之
倭拯六七省焚劫之難歷陣大小戰以十百計捕
獲俘斬以千萬計此其成功豈易易者若乃嶌倨
謾罵揮擲千金以羅一世之傑俊折節貴人調和
中外以期滅虜朝食此政良工茹荼心知其苦口
不能言者而竟以此註吏議吁亦可悲矣蓋嘗合
二臣而評隲之于謙之功功在
宗廟宗憲之功功在東南于謙之品白璧無瑕于
本朝爲人物第一于古可稱社稷臣宗憲之品瑕瑜

不掩然視之猥鎖齷齪以金繒爲上策以一切苟且冀幸旦夕如視蔭而偷如日暮途遠而逆施者相去徑庭臨事而思禦侮之臣安得起若人于九原而底定之也臣浙人也二臣一生于臣里一室于臣鄉父老之所傳聞耳目之所睹記最爲親切然此非臣一人之私言也

皇上試訊大小臣工有不以一臣之忠功爲當録其後者乎然又非臣下之私議也

憲宗純皇帝嘗念于謙曰先帝已知其枉朕心寔憐其忠

孝宗敬皇帝特贈太傅謚忠愍之我
皇上曾允撫臣議改謚忠肅近又因太常之請
下部議祠是于謙之精忠
列祖知之
皇上知之矣
世宗肅皇帝嘗曰朕若罪胡宗憲後日誰肯與國家
任事
穆宗莊皇帝復其原官賜祭追我
皇上又全與祭塟是胡宗憲之勳勞
皇祖

皇考知之
皇上知之矣令于譾不絕之一綫僅捿外衛千戶墳
墓荒蕪縉紳學士過其下者輒□唏不能禁宗憲
遺酷吏殘破之後廬舍丘墟子孫孱弱吳越士民
談及于此每扼腕而不平此寧止一結任事者憤惋
之氣亦豈所以昭
列聖與
皇上無外之仁耶夫忠勲無後則爲善者懼名器不
慎即日拜卿相而人不知勸二□不難捨六尺以
狥國家之難卒也鳥盡弓藏令其子若孫夷于

卑賤而倚冰山恃金穴者盡隷名世籍
恩寵未歇是何二臣之所不能得者而顧得之此輩
也其于政體亦太不平矣伏望
皇上勅下兵部從公確議務協輿情務合 國典如
果臣言不謬將于譙忠功重加褒叙即未能從劉
基王守仁事例或改其所授外衛為錦衣衛將胡
宗憲功次仍加優叙補以謚蔭庶
繄朝之曠典以脩四方之公論以協謹題請
旨兵部知道
兵部一本奉

聖旨是于譙世襲錦衣衛指揮使胡宗憲世襲錦衣
衛指揮同知還與他誥該部知道

[illegible]卜島文薦爭洞
果臣言不謬將于譙忠功重加褒叙即未能從濫
皇上敕下兵部從公確議務協輿情務合 國與如
也其于政體亦太不平矣伏望
恩寵未敘是何二臣之所不能得者而獨得之也華
甲擬而齊米山搏金穴者盡謀以迕請

皆徒跣以蹲踞爲恭敬人性嗜酒多壽考至百餘歲者甚衆國多女子大人皆有四五妻其餘或兩或三女人不淫不妬又俗不竊盜少爭訟犯法者沒其妻子重者滅其門族其死停喪十餘日家人哭泣不進酒食而等類就歌舞爲樂灼骨以卜用决吉凶行來度海令一人不櫛沐不食肉不近婦人名曰持衰若在塗吉利則顧以財物如病疾遭害以爲持不謹便共殺之建武中元二年倭奴國奉貢朝賀使人自稱大夫倭國之極南界也光武賜以印綬安帝永初元年倭國王帥升等獻生口百六十人願請見桓靈間

倭國大亂更相攻殺歷年無主有一女子名曰卑彌呼年長不嫁事鬼神道能以妖惑衆於是共立爲王侍婢千人少有見者唯有男子一人給飲食傳辭語居處宮室樓觀城柵皆持兵守衛法俗嚴峻自女王國東度海千餘里至拘奴國雖皆倭種而不屬女王自女王國南四千餘里至侏儒國人長三四自朱儒東南行船一年至裸國黑齒國使驛所傳極於此矣

三國志魏書

倭地溫煖冬夏食生菜皆徒跣有屋室父母兄弟臥息異處以朱丹塗其身體如中國用粉也食飲用籩

豆手食其死有棺無槨封土作冢始死停喪十餘日當時不食肉喪主哭泣他人就歌舞飲酒已葬舉家詣水中澡浴以如練沐其行來渡海詣中國恒使一人不梳頭不去蟣蝨衣服垢汚不食肉不近婦人如喪人名之爲持衰若行者吉善共顧其生口財物若有疾病遭暴害便欲殺之謂其持衰不謹出眞珠青玉其山有丹其木有柟杼豫樟楺櫪投橿烏號楓香其竹篠簳桃支有薑橘椒蘘荷不知以爲滋味有獮猴黑雉其俗舉事行來有所云爲輒灼骨而卜以占吉凶先告所卜其辭如令龜法視火坼占兆其會同

坐起父子男女無别人性嗜酒

魏略曰其俗不知正歲四節但計春耕秋收爲年

紀

見大人所敬但搏手以當跪拜其人壽考或百年或八九十年其俗國大人皆四五婦下戶或二三婦婦人不淫不妬忌不盜竊少諍訟其犯法輕者沒其妻子重者滅其門戶及宗族尊卑各有差序足相臣服收租賦有邸閣國國有市交易有無使大倭監之自女王國以北特置一大率檢察諸國畏憚之常治伊都國於國中有如刺史王遣使詣京都帶方郡

諸韓國及郡使倭國皆臨津搜露傳送文書賜遺之物詣女王不得差錯下戶與大人相逢道路逡巡入草傳辭說事或蹲或跪兩手據地爲之恭敬對應聲曰噫比如然諾其國本亦以男子爲王住七八十年倭國亂相攻伐歷年乃共立一女子爲王名曰卑彌呼事鬼道能惑衆年巳長大無夫壻有男弟佐治國自爲王以來少有見者以婢千人自侍唯有男子一人給飲食傳辭出入居處宮室樓觀城柵嚴設常有人持兵手衛女王國東渡海千餘里復有國皆倭種又有侏儒國在其南人長三四尺去女王四千餘里

又有裸國黑齒國復在其東南船行一年可至參問
倭地絶在海中洲島之上或絶或連周旋可五千餘
里景初二年六月倭女王遣大夫難外米等詣郡求
詣天子朝獻太守劉夏遣吏將送詣京都其年十二
月詔書報倭女王曰制詔親魏倭王卑彌呼帶方太
守劉夏遣使送汝大夫難外米次使都市牛利奉汝
所獻男生口四人女生口六人班布二匹二丈以到
汝所在逾遠乃遣使貢獻是汝之忠孝我甚哀汝今
以汝爲親魏倭王假金印紫綬裝封付帶方太守使
授汝其綏撫種人勉爲孝順汝來使難外米牛利涉

遠道路勤勞今以難升米為率善中郎將牛利為率
善校尉假銀印青綬引見勞賜遣還今以絳地交龍
錦五匹

臣松之以為地應為綈漢文帝著皂衣謂之弋綈
是也不字不體非魏朝之失則傳寫者誤也

絳地縐粟罽十張蒨絳五十匹紺青五十匹荅汝所
獻貢直又特賜汝紺地句文錦三疋細班華罽五張
白絹五十匹金八兩五尺刀二口銅鏡百枚真珠鉛
丹各五十斤皆裝封付難升米牛利還到錄受悉可
以示汝國中人使知國家哀汝故鄭重賜汝好物也

正始元年太守弓遵遣建中校尉梯儁等奉詔書印
綬詣倭國拜假倭王并齎詔賜金帛錦罽刀鏡采物
倭王因使上表荅謝詔恩其四年倭王復遣使大夫
伊聲耆掖邪狗等八人上獻生口倭錦絳青縑緜衣
帛布丹木㺃短弓矢掖邪狗等壹拜率善中郎將印
綬其六年詔賜倭難升米黃幢付郡假授其八年太
守王頎到官倭女王卑彌呼與狗奴國男王卑彌弓
呼素不和遣倭載斯烏越等詣郡說相攻擊狀遣塞
曹掾史張政等因齎詔書黃幢拜假難升米爲檄告
喻之卑彌呼以死大作冢徑百餘步徇葬者奴婢百

餘人更立男王國中不服更相誅殺當時殺千餘人
復立卑彌呼宗女壹與年十三為王國中遂定政等
以檄告喻壹與壹與遣倭大夫率善中郎將掖邪狗
等二十人送政等還因詣臺獻上男女生口三十人
貢白珠五千孔青大句珠二枚異文雜錦二十匹

晉書

倭人在帶方東南大海中依山島為國地多山林無
良田食海物舊有百餘小國相接至魏時有三十國
通好戶有七萬男子無大小悉黥面文身自謂太伯
之後又言上古使詣中國皆自稱大夫昔夏少康之

子封于會稽斷髮文身以避蛟龍之害今倭人好沉
没取魚亦文身以厭水禽計其道里當會稽東冶之
東其男子衣以横幅但結束相連略無縫綴婦人衣
如單被穿其中央以貫頭而皆被髮徒跣其地温煖
俗種禾稻紵麻而蠶桑織績土無牛馬有力楯弓箭
以鐵爲鏃有屋宇父母兄弟卧息異處食飲用俎豆
嫁娶不持錢帛以衣迎之死有棺無槨封土爲冢初
喪哭泣不食肉已葬舉家入水澡浴自潔以除不祥
其舉大事輒灼骨以占吉凶不知正歲四節但計秋
收之時以爲年紀人多壽百年或八九十國多婦女

不淫不妬無爭訟犯輕罪者沒其妻孥重者族滅其家舊以男子爲主漢末倭人亂攻伐不定乃立女子爲王名曰卑彌呼宣帝之平公孫氏也其女王遣使帶方朝見其後貢聘不絕及文帝作相又數至泰始初遣使重譯入貢

宋書

倭國在高驪東南大海中世脩貢職高祖永初二年詔曰倭讚萬里脩貢遠誠宜甄可賜除授太祖元嘉二年讚又遣司馬曹達奉表獻方物讚死弟珍立遣使貢獻自稱使持節都督倭百濟新羅任那秦韓慕

韓六國諸軍事安東大將軍倭國王表求除正詔除安東將軍倭國王珍又求除正倭隋等十三人平西征虜冠軍輔國將軍號詔並聽二十年倭國王濟遣使奉獻復以爲安東將軍倭國王二十八年加使持節都督倭新羅任那加羅秦韓慕韓六國諸軍事安東將軍如故并除所上二十三人軍郡濟死世子興遣使貢獻世祖大明六年詔曰倭王世子興奕世載忠作藩外海稟化寧境恭脩貢職新嗣邊業宜授爵號可安東將軍倭國王興死弟武立自稱使持節都督倭百濟新羅任那加羅秦韓慕韓六國諸軍事安

東大將軍倭國王順帝昇明二年遣使上表曰封國偏遠作藩于外自昔祖禰躬擐甲冑跋涉山川不遑寧處東征毛人五十五國西服衆夷六十六國渡平海北九十五國王道融泰廓土遐畿累葉朝宗不愆于歲臣雖下愚忝胤先緒驅率所統歸崇天極道逕百濟裝治船舫而句驪無道圖欲見吞掠沙邊隸虔劉不已每致稽滯以失良風雖曰進路或通或不臣亡考濟實忿寇讎壅塞天路控弦百萬義聲感激方欲大舉奄喪父兄使垂成之功不獲一簣居在諒闇不動兵甲是以偃息未捷至今欲練甲治兵申父兄

之志義士虎賁文武效功白刃交前亦所不顧若以帝德覆載摧此彊敵克靖方難無替前功竊自假開府儀同三司其餘咸假授以勸忠節詔除武使持節都督倭新羅任那加羅秦韓慕韓六國諸軍事安東大將軍倭王

齊書

倭國在帶方東南大海島中漢末以來立[illegible]土俗已見前史建元元年進新除使持節都督倭新羅任那加羅秦韓六國諸軍事安東大將軍倭王武號爲鎮東大將軍

梁書

倭者自云大伯之後俗皆文身去帶方萬二千餘里大抵在會稽之東相去絕遠從帶方至倭循海水行歷韓國乍東乍南七千餘里始度一海海闊千餘里名瀚海至一支國又度一海千餘里名未盧國又東南陸行五百里至伊都國又東南行百里至奴國又東行百里至不彌國又南水行二十日至投馬國又南水行十日陸行一月日至祁馬臺國即倭王所居其官有伊支馬次曰彌馬獲支次曰奴往鞮民種禾稻紵麻蠶桑織績有薑桂橘椒蘇出黑雉真珠青玉

有獸如牛名山鼠又有大虵吞此獸皮堅不可斫其上有孔乍開乍閉時或有光射之中虵則死矣物產略與儋耳朱崖同地溫暖風俗不淫男女皆露紒富貴者以錦繡雜采為帽似中國胡公頭食飲用籩豆其死有棺無槨封土作冢人性皆嗜酒俗不知正歲多壽考或至八九十或至百歲其俗女多男少貴者至四五妻賤者猶兩三妻婦人無淫妒無盜竊少爭訟若犯法輕者沒其妻子重則滅其宗族漢靈帝光和中倭國亂相攻伐歷年乃共立一女子卑彌呼為王彌呼無夫婿挾鬼道能惑衆故國人立之有男弟

佐治國自為王少有見者以婢千人自侍唯使一男
子出入傳教令所處宮室常有兵守衛至魏景初三
年公孫淵誅後卑彌呼始遣使朝貢魏以為親魏王
假金印紫綬正始中卑彌死更立男王國中不服更
相誅殺復立卑彌呼宗女臺與為王其後復立男王
並受中國爵命晉安帝時有倭王賛賛死立弟彌彌
死立子濟濟死立子興興死立弟武齊建元中除武
持節督倭新羅任那伽羅秦韓慕韓六國諸軍事鎮
東大将軍高祖即位進武號征東将軍其南有侏儒
國人長三四尺又南黒齒國裸國去倭千餘里舡行

可一年至又西南萬里有海人身黑眼白裸而醜其
肉美行者或射而食之

隋書

倭國在百濟雜羅東南水陸三千里於大海之中依
山島而居魏時譯通中國三十餘國皆自稱王夷人
不知里數但計以日其國境東西五月行南北三月
行各至於海其地勢東高西下都於邪靡堆則魏志
所謂邪馬臺者古云去樂浪郡境及帶方郡並一萬
二千里在會稽之東與儋耳相近漢光武時遣使入
朝自稱大夫安帝時又遣使朝貢謂之倭奴國桓靈

之間其國大亂遞相攻伐歷年無主有女子名卑彌呼能以鬼道惑衆于是國人共立為王有男弟佐卑彌理其王有侍婢千人罕有見其面者唯有男子二人給王飲食通傳言語其王有宮室樓觀城柵皆兵守衛為法甚嚴自魏至于齊梁代與中國相通開皇二十年倭王姓阿每字多利思北孤號阿輩鷄彌遣使詣闕上令所司訪其風俗使者言倭王以天為兄以日為弟天未明時出聽政跏趺坐日出便停理務云委我弟高祖曰此大無義理于是訓令改之王妻號鷄彌後宮有女六七百人名太子為利歌彌多利

無城郭内宫有十五等一曰大德次小德次大仁次
小仁次大義次小義次大禮次小禮次大智次小智
次大信次小信員無定數有軍尼一百二十人猶中
國牧宰八十户置一伊尼翼如今里長也十伊尼翼
屬一軍尼其服飾男女衣裙襦其袖微小履如屨形
漆其上繫之于脚人庶多跣足不得用金銀爲飾故
時衣横幅結束相連而無縫頭亦無冠但垂髮于兩
耳上至隋其王始制冠以錦綵爲之以金銀鏤花爲
飾婦人束髮于後亦衣裙襦裳皆有襈攕竹爲梳編
草爲薦雜皮爲表縁以文皮有弓矢刀矟弩穳斧漆

皮為甲骨為矢鏑雖有兵無征戰其王朝會必陳設儀仗奏其國樂户可十萬其俗殺人強盜及姦皆死盜者計贓酬物無財者沒身為奴自餘輕重或流或杖每訊冤獄訟不承引者以木壓膝或張引弓以弦鋸其項或置小石于沸湯中令所競者探之云理曲者即手爛或置蛇甕中令取之云曲者即螫手矣頗恬靜罕爭訟少盜賊樂有五弦琴笛男女多黥臂點面文身沒水捕魚無文字唯刻木結繩敬佛法于百濟求得佛經始有文字知卜筮尤信巫覡每至正月一日必射戲飲酒其餘節略與華同好棊博握槊樗

蒲之戲氣候溫暖草木冬青上地膏腴水多陸少以
卜環掛鸕鷀項令入水捕魚日得百餘頭俗無盤俎
藉以檞葉食用手餔之性質直有雅風女多男少婚
嫁不取同姓男女相悅者即為婚婦入夫家必先跨
火乃與夫相見婦人不婬妬死者斂以棺槨親賓就
屍歌舞妻子兄弟以白布製服貴人三年殯于外庶
人卜日而瘞及葬置屍舡上陸地牽之或以小轝有
阿蘇山其石無故火起接天者俗以為異因行禱祭
有如意寶珠其色青大如鷄卵夜則有光云魚眼精
也新羅百濟皆以倭大國多珍物並敬仰之恒通使

往來大業三年其王多利思北孤遣使朝貢使者曰聞海西菩薩天子重興佛法故遣朝拜兼沙門數十人來學佛法其國書曰日出處天子致書日沒處天子無恙云云帝覽之不悅謂鴻臚卿曰蠻夷書有無禮者勿復以聞明年上遣文林郎裴清使于倭國度百濟行至竹島南望耽羅國經都斯麻國迥在大海中又東至一支國又至竹斯國又東至秦王國其人同于華夏以為夷洲疑不能明也又經十餘國達于海岸自竹斯國以東皆務庸于倭倭王遣小德阿輩臺從數百人設儀仗鳴鼓角來迎後十日又遣大禮

哥多毗從二百餘騎郊勞既至彼都其王與清相見大悅曰我聞海西有大隋禮義之國故遣朝貢我夷人僻在海隅不聞禮義是以稽留境内不即相見今故清道飾館以待大使冀聞大國維新之化清荅曰皇帝德並二儀澤流四海以王慕化故遣行人來此宣諭既而引清就館其後清遣人謂其王曰朝命既達請即戒塗于是設宴享以遣清復令使者隨清來貢方物此後遂絶

舊唐書

倭國者古倭奴國也去京師一萬四千里在新羅東

南大海中依山島而居東西五月行南北三月行世與中國通其國居無城郭以木為柵以草為屋四面小島五十餘國皆附屬焉其王姓阿[illegible]氏置一大率檢察諸國皆畏附之設官有十二等其訴訟匍匐而前地多女少男頗有文字俗敬佛法並皆跣足以幅布蔽其前後貴人戴錦帽百姓皆椎髻無冠帶婦人衣純色裙長腰襦束髮于後佩銀花長八寸左右各數枝以明貴賤等級衣服之制頗類新羅貞觀五年遣使獻方物太宗矜其道遠勅所司無令歲貢又遣新州刺史高表仁持節往撫之表仁無綏遠之才與

王子爭禮不宣朝命而還至二十二年又附新羅奉表以通起居

日本國者倭國之别種也以其國在日邊故以日本為名或曰倭國自惡其名不雅改為日本舊小國併倭國之地其人入朝者多自矜大不以實對故中國疑焉又云其國界東西南北各數千里西界南界咸至大海東界北界有大山為限山外即毛人之國長安三年其大臣朝臣真人來貢方物朝臣真人者猶中國戶部尚書冠進德冠其項為花分而四散身服紫袍以帛為腰帶真人好讀經史解屬文容止溫雅

則天宴之于麟德殿授司膳卿放還本國開元初又遣使來朝因請儒士授經詔四門助教趙玄默就鴻臚寺教之乃遺玄默闊幅布以為束修之禮題云白龜元年調布人亦疑其偽此題所得錫賚盡市文籍泛海而還其偏使朝臣仲滿慕中國之風因留不去改姓名為朝衡仕歷左補闕儀王友衡留京師五十年好書籍放歸鄉逗留不去天寶十二年又遣使貢上元中擢衡為左散騎常侍鎮南都護貞元二十年遣使來朝留學生橘免勢學問僧空海元和元年日本國使判官高階真人上言前件學生藝業稍成願

歸本國使請與臣同歸從之開成四年又遣使朝貢

新唐書

日本古倭奴也去京師萬四千里直新羅東南在海中島而居東西五月行南北三月行國無城郛聯木為柵落以草茨屋左右小島五十餘皆自名國而臣附之置本率一人檢察諸部其俗多女少男有文字尚浮屠法其官十有二等其王姓阿每氏自言初主號天御中主至彥瀲凡三十二世皆以尊為號居筑紫城彥瀲子神武立更以天皇為號徙治大和州次曰綏靖次安寧次懿德次孝昭次天安次孝靈次孝

元次開化次崇神次垂仁次景行次成務次仲哀仲哀死以開化曾孫女神功為主次應神次仁德次履中次反正次允恭次安康次雄畧次清寧次顯宗次仁賢次武烈次繼體次安閑次宣化次欽明欽明之十一年直梁承聖元年次海達次用明亦曰目多利思比孤直隋開皇末始與中國通次崇峻崇峻死欽明之孫女椎古立次舒明次皇極其俗椎髻無冠帶跣以行幅巾蔽後貴者冒錦婦人衣純色裙長腰襦結髮于後至煬帝賜其民錦綫冠飾以金玉文布為衣左右佩銀蘤長八寸以多少明貴賤太宗貞觀五

年遣使者入朝帝矜其遠詔有司毋拘歲貢遣新州
刺史高仁表往諭與王爭禮不平不肯宣天子命而
還久之更附新羅使者上書永徽初其王孝德即位
改元曰白雉獻虎魄大如斗碼瑙若五升器時新羅
為高麗百濟所暴高宗賜璽書令出兵援新羅未幾
孝德死其子天豐財立死子天智立明年使者與蝦
蛦人偕朝蝦蛦亦居海島中其使者鬚長四尺許珥
箭于首令人戴瓠立數十步射無不中天智死子天
武立死子摠持立咸亨元年遣使賀平高麗後稍習
夏音惡倭名更號日本使者自言國近日所出以為

名或云日本乃小國為倭所併故冐其號使者不以
情故疑焉又妄夸其國都方數千里南西盡海東北
限大山其外即毛人云長安元年其王文武立改元
曰大寶遣朝臣真人粟田貢方物朝臣真人者猶唐
尚書也冠進德冠頂有華蘤四披紫袍帛帶真人好
學能屬文進止有容武后宴之麟德殿授司膳卿還
之文武死子阿用立死子聖武立改元曰白龜開元
初粟田復朝請從諸儒授經詔四門助教趙玄默即
鴻臚寺為師獻大幅布為贄悉賞物貿書以歸其副
朝臣仲滿慕華不肯去易姓名曰朝衡歷左補闕儀

王友多所該識久乃還聖武死女孝明立改元曰天平勝寶天寶十二載朝衡復入朝上元中擢左散騎常侍都護新羅梗海道更繇明越州朝貢孝明死大炊立死以聖武女高野姬為王死白璧立建中元年使者真人興能獻方物真人蓋因官而氏者也興能善書其紙似繭而澤人莫識貞元末其王曰桓武遣使者朝其學子橘免勢浮屠空海願留肄業歷二子餘年使者高階真人來請免勢等俱還詔可次諾樂立次嵯峨次浮仁次明仁明直開成四年復入貢次文德文清和次陽成次光孝直光啓元年其東海嶼

中又有邪古波邪多尼三小王北距新羅西北百濟
西南直越別有絲絮怪珍云
貞觀中遣新州刺史高表仁持節至倭國在大海中
表仁浮海數月方至自云路經地獄之門其上氣色
蓊鬱聞呌號鎚鍛之聲甚可畏懼唐會要

宋史

日本國者本倭奴國也自以其國近日所出故以日
本為名或云惡其舊名改之也其地東西南北各數
千里西南至海東北隅隔以大山山外即毛人國自
後漢始朝貢歴魏晉宋隋皆來貢唐永徽顯慶長安

開元天寶上元貞元元和開成中並遣使入朝雍熙元年日本國僧奝然與其徒五六人浮海而至獻銅器十餘事并本國職貢今王年代紀各一卷奝然衣緑自云姓藤原氏父為真連真連其國五品品官也奝然善隷書而不通華言問其風土但書以對云國中有五經書及佛經白居易集七十卷並得自中國土宜五穀而少麥交易用銅錢文曰乾文大寶畜有水牛驢羊多犀象產絲蠶多織絹薄緻可愛樂有國中高麗二部四時寒暑大類中國國之東境接海島夷人所居身面皆有毛東奥州產黃金西別島出白

録以為貢賦國王以王為姓傳襲至今王六十四世
文武僚吏皆世官其年代紀所記云初主號天御中
主次曰天村雲尊其後皆以尊為號次天八重雲尊
次天彌聞尊次天忍勝尊次瞻波尊次萬魂尊次利
利魂尊次國狹槌尊次角龔魂尊次汲津丹尊次面
垂見尊次國常立尊次天鑑尊次天萬尊次沫名
尊次伊弉諾尊次素戔烏尊次天照大神尊次正
吾勝速日天押穗耳尊次天彥尊次炎尊次彥瀲尊
凡二十三世並都于筑紫日向宮彥瀲第四子號神
武天皇自筑紫宮入居大和州橿原宮即位元年甲

寅當周僖王時也次綏靖天皇次安寧天王次懿德
天皇次孝昭天皇次孝天皇次孝靈天皇次孝元天
皇次開化天皇次崇神天皇次垂仁天皇次景行天
皇次成務天皇次仲哀天皇國人言今為鎮國香椎
大神次神功天皇開化天皇之曾孫女又謂之息長
足姬天皇國人言今為太奈良姬大神次應神天皇
甲辰歲始于百濟得中國文字今號八蕃菩薩有大
臣號紀武內年三百七歲次仁德天皇次履中天皇
次反正天皇次允恭天皇次安康天皇次雄略天皇
次清寧天皇次顯宗天皇次仁賢天皇次武烈天皇

次繼體天皇次安開天皇次宣化天皇次天國排開
廣庭天皇亦名欽明天皇即位十一年壬申歲始傳
佛法于百濟國當此土梁承聖元年次敏達天皇次
用明天皇有子曰聖德太子年三歲聞十人語同時
解之七歲悟佛法于菩提寺講聖鬘經天雨曼陀羅
華當此土隋開皇中遣使泛海至中國求法華經次
崇峻天皇次推古天皇欽明天皇之女也次舒明天
皇次皇極天皇次孝德天皇白雉四年律師道照求
法至中國從三藏僧玄奘受經律論當此土唐永徽
四年也次天豐財重日足姬天皇令僧智通等入唐

求大乘法相教當顯慶三年次天智天皇次天武天皇次持揔天皇次文武天皇大寶三年當長安元年遣粟田真人入唐求書籍律師道慈求經次阿閉天皇次皈依天皇次聖武天皇寶龜二年遣僧正玄昉入朝當開元四年次孝明天皇聖武天皇之女也天平勝寶四年當天寶中遣使及僧入唐求内外經教及傳戒次天炊天皇次高野姬天皇聖武天皇之女也次白壁天皇二十四年遣二僧靈仙行賀入唐禮五臺山學佛法次桓武天皇遣騰元葛野與空海大師及延歷寺僧澄入唐詣天台山傳智者止觀義當

元和元年也次諾樂天皇次嵯峨天皇次淳和天皇次仁明天皇當開成會昌中遣僧入唐禮五臺次文德天皇當大中年間次清和天皇次陽成天皇次光孝天皇遣僧宗睿入唐傳教當光啟元年也次仁和天皇當此土梁龍德中遣僧寛建等入朝次醍醐天皇次天慶天皇次封上天皇當此土周廣順年也次冷泉天皇今為太上天皇次守平天皇即今皇也凡六十四世畿内有山城太和河内和泉攝津凡五州共統五十三郡東海道有伊賀伊勢志摩尾張參河遠江駿河伊豆甲斐相模武藏安房上總常陸凡十

四州共統一百一十六郡東山道有通江美濃飛驒
信濃上野下野陸奥出羽凡八州共統一百二十二
郡北陸道有狹越前加賀能登越中越[illegible]渡凡七
州共統三十郡山陰道有丹波丹後徂馬因幡伯耆
出雲石見隱伎凡八州共統五十二郡小陽道有播
磨美作備前備中備後安藝周防長門凡八州共統
六十九郡南海道有伊紀淡路河波讃耆伊豫土佐
凡六州共統四十八郡西海道有筑前筑後豐前豐
後肥前肥後日向大隅薩摩凡九州共統九十三郡
又有壹伎對馬多褹凡三島各統二郡是謂五畿七

道三島凡三千七百七十二都四百一十四驛八十八萬三千三百二十九課丁課丁之外不可詳見皆奝然所記云按隋開皇二十年倭王姓阿每名自多利思比孤遣使致書唐永徽五年遣使獻琥珀馬腦長安二年遣其朝臣真人貢方物開元初遣使來朝天寶十二年又遣使來貢元和元年遣高階真人來貢開成四年又遣使來貢此與其所記皆同大中光啟龍德及周廣順中皆嘗遣僧至中國唐書中五代史失其傳唐咸亨中乃開元二十三年大曆十二年建中元年皆來朝貢其記不載太宗召見奝然存撫

之甚厚賜紫衣館于太平興國寺上聞其國王一姓傳繼臣下皆世官因歎息謂宰相曰此島夷耳乃世祚遐久其臣亦繼襲不絕此蓋古之道也中國自唐季之亂寓縣分裂梁周五代享歷尤促大臣世冑鮮能嗣續朕雖德慙往聖常夙夜寅畏講求治本不敢暇逸建無窮之業垂可久之範亦以為子孫之計使大臣之後世襲祿位此朕之心焉其國多有中國典籍奝然之來復得孝經一卷越王孝經新義第十五一卷皆金縷紅羅標水晶為軸孝經即鄭氏注者越王者乃唐太宗子越王貞新義者記室參軍任希古

等撰也奝然復求詣五臺許之今所過續食又求印本大藏経詔亦給之二年隨台州寧海縣商人鄭仁德船歸其國後數年仁德還奝然遣其弟子喜因奉表来謝曰日本國東大寺大朝法濟大師賜紫沙門奝然啓傷鱗入夢不忘漢主之恩枯骨合歡猶亢魏氏之敵雖云羊僧之拙誰忍鴻霈之誠奝然誠惶誠恐頓首頓首死罪奝然附商船之離岸期魏闕于生涯望落日而西行十萬里之波濤難盡顧信風而東别數千里之山嶽易過妄以下根之卑遣詣中華之盛于是宣旨頻降恣許荒外之跋涉宿心克協粗觀

寓内之瓌奇況乎金闕曉後望堯雲于九禁之中嚴
扃晴前拜聖燈于五臺之上就三藏而禀學巡數
而優游遂使蓮華廻文神筆出于北闕之北貝葉印
字佛詔傳于東海之東重蒙宣恩忽趁來跡季夏解
台州之纜孟秋達本國之郊爰逮明春初到舊邑緇
素欣待侯伯慕迎伏惟陛下恵溢四明恩高五嶽世
超黄軒之古人直金輪之新裔然空辭鳳凰之窟更
還螻蟻之封在彼在斯只仰皇德之盛越山越海敢
忘帝念之深縱粉百年之身何報一日之恵染筆拭
淚伸紙揺魂不勝慕恩之至謹差上足弟子傳燈大

法師位嘉因併大朝剃頭受戒僧祚乾等拜表以聞稱其本國永延二年歳次戊子二月八日寔端拱元年也又別啟貢佛經納青木函琥珀青紅白水晶紅黒木槵子念珠各一連並納螺鈿花形平函毛籠一納螺栝二口葛籠一納法螺二口染皮二十枚金銀蒔繪筥一合納髪鬘二頭又一合納参議正四位上藤佐理手書二卷及進奉物數一卷表狀一卷又金銀蒔繪硯一筥一合納金硯一鹿毛筆松烟墨金銀水瓶鐵刀又金銀蒔繪扇筥一合納檜扇二十枚蝙蝠扇二枚螺鈿梳函一對其一納赤木梳二百七十

其一納龍骨十橛螺鈿書案一螺鈿書几一金銀蒔繪平筥一合納白細布五匹鹿皮籠一納貂裘一領螺鈿鞍轡一副銅鐵鐙紅絲鞦泥障倭畫屏風一雙石流黃七百斤咸平五年建州海賈周世昌遭風飄至日本凡七年得還與其國人滕木吉至上皆召見之世昌以其國人唱和詩來上詞甚雕刻膚淺無所取詢其風俗云婦人皆被髮一衣用二三縑又陳所記州名年號上令滕木吉以所持木弓矢挽射矢不能遠詰其故國中不習戰鬪賜木吉時裝錢遣還景德元年其國僧寂照等八人來朝寂照不曉華言而

識文字繕寫甚妙凡問荅並以筆札詔號圓通大師
賜紫方袍天聖四年十二月明州言日本國大宰府
遣人貢方物而不持本國表詔却之其後亦未通朝
貢南賈時有傳其物貨至中國者熙寧五年有僧誠
尋至台州止天台國清寺願留州以聞詔使赴闕誠
尋獻銀香爐木槵子白琉璃五香水晶紫檀琥珀所
飾念珠及青色織物綾神宗以其遠人而有戒業處
之開寶寺盡賜同來僧紫方袍是後連貢方物而來
者皆僧也元豐元年使通事僧仲回來賜號慕化懷
德大師明州又言得其國太[redacted]府牒因使人孫忠還

遣仲囬等貢絁二百匹水銀五千兩以孫忠及海商
而貢禮于諸國異請自移牒報而荅其物直付仲囬
東歸從之乾道九年始務明州綱首以方物入貢淳
熈二年倭船火兒滕太明歐鄭作死詔械太明付其
綱首歸治以其國之法三年風泊日本舟至明州衆
皆不得食行乞至臨安府者復百餘人詔人日給錢
五十文米二升俟其國舟至日遣歸十年日本七十
三人復飄至秀州華亭縣給常平義倉錢米以振之
紹熈四年泰州及秀州華亭縣復有倭人為風所泊
而至者詔勿取其貨出常平米振給而遣之慶元六

年至平江府嘉泰二年至定海縣詔並給錢米遣歸
國

元史

日本國在東海之東古稱倭奴國或云惡其舊名故
改名日本以其國近日所出也其土疆所至與國王
世系及物產風俗見宋史本傳日本為國去中土殊
遠又隔大海自後漢歷魏晉宋隋皆來貢唐永徽顯
慶長安開元天寶上元貞元元和開成中並遣使入
朝宋雍熙元年日本僧奝然與其徒五六人浮海而
至奉職貢并獻銅器十餘事奝然善隸書不通華言

問其風上但書以對云其國中有五經書[redacted]佛經白居易集七十餘卷奝然還後以國人来者曰滕木吉以僧来者曰寂照寂照識文字繕寫甚妙至熙寧以後連貢方物其来者皆僧也元世祖之至元一年以高麗人趙彝等言日本國可通擇可奉使者三年八月命兵部侍郎黑的給虎符充國信使禮部侍郎殷弘給金符充國信副使持國書使日本書曰大蒙古國皇帝奉書日本國王朕惟自古小國之君境土相接尚務講信修睦況我祖宗受天明命奄有區夏遐方異域畏威懷德者不可悉數朕即位之初以高麗

無辜之民久瘁鋒鏑即令罷兵還其疆域反其旄倪
高麗君臣感戴来朝義雖君臣歡若父子計王之君
臣亦已知之高麗朕之東藩也日本密邇高麗開國
以来亦時通中國至于朕躬而無一乘之使以通和
好尚恐王國知之未審故特遣使持書布告朕志冀
自今以往通問結好以相親睦耳聖人以四海為家
不相通好豈一家之理哉以至用兵夫孰所好王其
圖之黒的等道由高麗高麗國王王植以帝命遣其
樞密院副使宋君斐借禮部侍郎金贊等導詔使黒
的等往日本不至而還四年六月帝謂王植以辭為

解令去使徒還復遣黑的等至高麗諭禃委以日本事以必得其要領為期禃以為海道險阻不可辱天使九月遣其起居舍人潘阜等持書往日本留六月亦不得其要領而歸五年九月命黑的弘復持書往至對馬島日本人拒而不納執其塔二郎彌二郎二人而還六年六月命高麗金有成送還執者俾中書省牒其國亦不報有成留其太宰府守護所者久之十二月又命秘書監趙良弼往使書曰蓋聞王者無外高麗與朕既為一家王國實為隣境故嘗馳信使修好為疆埸之吏抑而弗通所獲二人敕有司慰撫

俾賫牒以還遂復寂無所聞繼欲通問屬高麗權臣
林衍構亂坐是弗果豈王亦因此輟不遣使或已遣
而中路梗塞皆不可知不然日本素號知禮之國王
之君臣寧肯漫為弗思之事乎近已㓕林衍復舊王
位安集其民特命少中大夫秘書監趙良弼充國信
使持書以往如即發使與之偕來親仁善鄰國之美
事其或猶豫以至用兵夫誰所樂為也王其審圖之
良弼將往乞定與其王相見之儀廷議與其國上下
之分未定無禮數可言帝從之七年十二月詔諭高
麗王禮送國信使趙良弼通好日本期于必達仍以

忽林[redacted]王國昌洪茶丘將兵送抵海上比國信始還
姑令[redacted]州等處屯駐八年六月日本通事曹介升等
上言高麗迂路導引國使外有捷徑倘得便風半日
[redacted]到[redacted]使臣去則不敢同往若大軍進征則願為鄉
導帝曰如此則當思之九月高麗王禃遣其通事別
將徐稱導送良弼使日本日本始遣彌四郎者入朝
竟宴勞遣之九年二月樞密院臣言奉使日本趙良
弼遣書狀官張鐸來言去歲九月與日本國人彌四
郎等至太宰府西守護所守者云曩為高麗所紿屢
言上國來伐豈期皇帝好生惡殺先遣[redacted]人下示璽

書然王京去此尚遠頓先遣人從奉使回報良弼乃
遣譯同其使二十六人至京師求見帝疑其國主使
之來云守護所者詐也詔翰林承旨和禮霍孫以問
姚樞許衡等皆對曰誠如聖筭彼懼我加兵故發此
輩伺吾強弱耳宜示之寬仁且不宜聽其入見從之
是月高麗王禃致書日本五月又以書往令必通好
大朝皆不報十年六月趙良弼復使日本至太宰府
而還十一年三月命鳳州經略使忻都高麗軍民揔
管洪茶丘以千料舟拔都魯輕疾舟汲水小舟各三
百共九百艘載士卒一萬五千期以七月征日本冬

十月入其國敗之而官軍不整又矢盡惟虜掠四境而歸十二年二月遣禮部侍郎杜世忠兵部侍郎何文著計議官撒都魯丁往使復致書亦不報十四年日本遣商人持金來易銅錢許之十七年二月日本殺國使杜世忠等征東元帥忻都洪茶丘請自率兵往討廷議姑少緩之五月詔范文虎議征日本八月詔募征日本士卒十八年正月命日本行省右丞相阿次罕右丞范文虎及忻都洪茶丘等率十萬人征日本二月諸將陛辭帝敕曰始因彼國使來故朝廷亦遣使往彼遂留我使不還故使卿輩為此行朕聞

漢人言取人家國欲得百姓土地若盡殺百姓徒得地何用又有一事朕寔憂之恐卿輩不和耳假若彼國人至與卿輩有所議當同心協謀如出一口荅之

五月日本行省參議裴國佐等言本省右丞相阿剌罕范右丞李左丞先與忻都茶丘入朝時同院官議定領舟師至高麗金州與忻都茶丘軍會然後入征日本又為風水不便再議定會于一岐島今年三月有日本船為風水漂至者令其水工畫地圖因見近太宰府西有平户島者周圍皆水可屯軍船此島非其所防若逕往據此島使人乘船往一岐呼忻都茶

丘來會進討為利帝曰此間不悉彼中事宜阿剌罕輩必知令其自處之六月阿剌罕以病不能行命阿塔海代總軍事八月諸將未見敵喪全師以還乃言至日本欲攻太宰府暴風破舟猶欲議戰萬户厲德彪招討王國佐水手總管陸文政等不聽節制輙逃去本省載餘軍至合浦散遣還鄉里未幾敗卒于閶脱歸言官軍六月入海七月至平壺島移五龍山八月一日風破舟五日文虎等諸將各自擇堅好船乘之棄士卒十餘萬于山下衆議推張百户者為主帥號之曰張總管聽其約束方伐木作舟欲還七日日

本人未戰盡死餘二三萬爲其虜去九日至八角島盡殺蒙古高麗漢人謂新附軍爲唐人不殺而奴之閶輩是也蓋行省官議事不相下故皆棄軍歸久之莫青與吳萬五者亦逃還十萬之衆得還者三人耳二十年命阿塔海爲日本省丞相與徹里帖木兒右丞劉一拔都兒左丞募兵造舟欲復征日本淮西宣慰使昂吉兒上言民勞乞寢兵二十一年其俗尚佛遣王積翁與補陀僧如智往使舟中有不願行者共謀殺積翁不果至二十三年帝曰日本未嘗相侵今交趾犯邊宜置日本專事交趾成宗大德二年江浙

省平章政事也速荅兒乞用兵日本帝曰今非其時
朕徐思之三年遣僧寧一山者加妙慈弘濟大師附
商舶往使日本而日本使竟不至

洪[illegible]

日本蓋倭[illegible]惡其名不雅乃改今號其國
洋海之東瀕島為州六十有八居近日出故曰日本
國王一姓宋雍熙初傳六十四世中多女主今
所立某氏云大元至元九年 上遣秘監趙良弼
通好而國次對馬島拒而不納十七年巳卯冬十
一月我師東伐明年夏四月次合浦縣西岸入海

東行約二百里過拒濟島又千三百里至吐剌忽苫倭俗呼島為苫又二千七百里抵對馬島又六百里踰一枝島又四百里入容浦口又二百七十里至三神山其山拔削群峯環繞海心望之欝然為碧芙容也上無雜木惟梅竹靈藥松檜桫羅等樹其俗多徐姓者自云皆君房之後（君房徐福字）海中諸嶼此最秀麗方廣十洲記所謂山東北岸扶桑蓬丘瀛洲周方千里者也又說洋中之物莫鉅于魚其背鬛直矗然山立彌亘不盡所注海波兩坼不合者數日又東行二百里巇志賀島下與日本兵遇

彼大勢結陣不動旋出千人逆戰數十合者凡兩月我師既捷轉戰而前呼聲勇氣海山震盪所殺獲十餘萬人擒太宰藤原少卿弟宗資蓋前宋時朝獻僧奝然後也兵伏有弓刀甲而無戈矛騎兵結束殊精甲往往以黃金為珠絡緋著甚衆刀製長極犀銳洞物而過但弓以木為之矢雖長不能遠人則勇敢視死不畏自志賀東岸前去太宰府三百里捷則一舍而近自此皆陸地無事舟楫若大兵長驅足成破竹之舉惜哉志賀西岸不百里有島曰毗蘭俗呼為髑髏即我大軍連泊遇風

處也大小船艦多爲浪波揃觸而碎唯句麗船堅得全遂班師西還是年八月五日也往返凡十月省大師欣都副察失次李都師牢山次宋降將范殿帥文虎摠二十三南一十三隋唐以來出師之盛未之見也

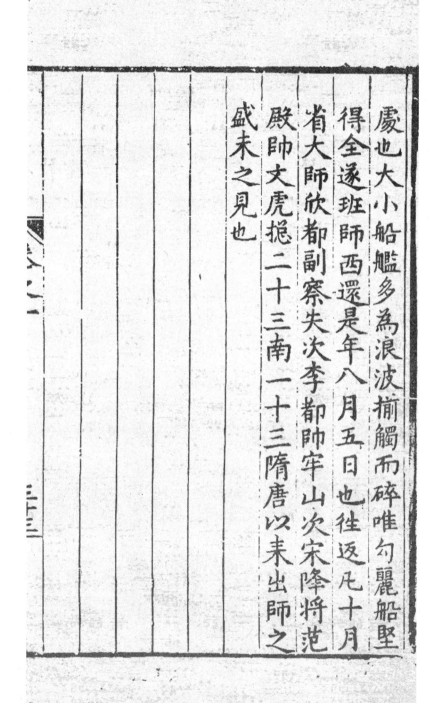

殊印文虎誌二十三萬一十三隋唐以來出師之
道大師欣静副察夫沐李静師守山分守滌將洪
得全遂班師西還是年八月五日也往返二十月
處也大小船艦多為浪波摧損而卒唯有宮船程

倭志 四部稿

日本古倭奴國在大海中于閩浙為東北隅其國主以王為姓世世不易文武官僚亦然有五畿七道統郡至五百七十三然皆依水附嶼大者不過中國一村落而巳户可七萬餘課丁八十八萬三千有竒自元帥討日本者沒于水不得志日本亦絶不復来貢

高帝初[illegible]使臣趙秩諭降之僧祖朝来貢方物十三年丞相胡惟庸謀叛令伏精兵貢艘中計以表裏挾

上即不遂掠庫物乗風而遁會事露悉誅其卒而發僧使于陝西四川各寺中著訓示後世絶不與通于

是遣信國公湯和等沿海規畫自南直隸山東浙江福建廣東西咸置行都司以備倭為名犬羊盤錯矣永樂初太監鄭和等齎賞諭諸海國日本首先歸附詔厚賚之封其鎮山賜勘合百道與之期期十年一貢無何三千人犯遼東為都督劉江所破殺無噍類自是歛跡不敢大為寇而小小抄[redacted]亦不絶或其主不知也其貢則恒多先期而至要以利中國給賚與互市為利耳嘉靖初其主幼冲不能制群臣右京兆大夫高貢使宋素卿貢亡何左京兆大夫內藝興遣宗設貢咸強請勘合後先至寧波爭長不相下宗設

衆盛于宋素卿遂攻敗之追北至紹興唬諸郡縣殺掠以千計都指揮劉錦及千百戸等官遇之皆死後以詔旨諭且下宋素卿獄始肯聽徐徐解自是有輕中國心矣而中國亡命者多跳海聚衆為舶主往來行賈閩浙之間又以財物役屬勇旱倭奴自衛而閩浙間奸商猾民覬覦其利厚私互市違禁器物識托官豪庇引有司莫敢誰何黠者又多取其責匿去莫與酧舶人怒則輒有所殺害而他舶不為商者又行摽掠海中漸彰聞朝廷慮之乃特設閩浙巡撫開軍門聽以軍法從事而所用撫臣朱紈素潔蕭然銳果壯

徃則日夜練兵甲嚴糾察數尋船盜淵藪破誅之而
又嚴根株通海者令迫急諸豪右咸惴惴重足立其
仕宦貴臣相呴紈不休竟以擅殺逮紈及置二司用
事者于理紈恚自殺乃罷廵撫不復設而舶主土豪
益自喜為奸益甚官司視以目莫之禁矣壬子賊始
犯台州破黄巖象山諸邑議復設提督都御史用家
嚴為之時沿海衛所軍久廢弛不習戰軍府草創財
用殫屈家嚴于是益召募驍勇委良將申約束婁諜
其巢穴覆之斬獲以千計于是移舟而南犯吳松郡
二郡固都會素沃饒而其民愈怯弱賊至則咸壞散

不支稛載而去所被攻剽郡邑爭以檄書上聞巡撫
操江憲臣相継罷而家嚴又以雲中急改節鉞
天子素憂東南計用張経矣倭賊勇而戇不甚別生
死每戰輒赤體提三尺刀舞而前無能捍者其魁則
皆閩淛人善設伏能以寡擊衆反客主勞逸而用之
此所以恒勝也大群數千人小群數百人比比蝟起
而舶主推王直為最雄徐海次之又有毛海峯彭老
不下十餘師張経者南京兵部尚書也朝計調二廣
狼土兵討之而経舊嘗為彼總督有威惠経亦慷慨
以平賊自負故用為大帥節制當天下半得以便宜

行事開府辟召諸郎署叅佐中外忻忻謂賊旦夕盡矣然經素貴侈靡行事有承平風而諸特用大將何卿沈希儀等名位極老而驕新進之士又慓猾果往速退田州瓦氏及山東槍手兵連戰敗去經望寔稍稍携貳而侍郎趙文華出督察文華繇上疏行有所負挾顯指凌經而經以大臣自重出其上文華恚則疏連劾經謂其才足辦也特家閩避賊讐故嘆嗜縱賊爾而會兵科亦有言 上怒甚趣使捕徵經經則已聚兵大破賊于嘉興斬首二千級溺水死者稱是兵科言宜留經以賊平自効不聽併巡撫李天寵皆

詐死文華既已攘其功則奏超巡按御史胡宗憲代
天寵督臣亦有更置由是中外文武惴惴重足立憂
不存倭矣文華俄還朝進太子太保工部尚書而宗
憲亦遂以兵部侍郎總督無何徐海入寇圍巡撫阮
鶚躪浙地告急疏上尚書趙文華請出督許之其進
止機宜如張經加重乃與宗憲誘徐海降而令兵掩
捕平之徐海死進文華少保宗憲亦遷右都御史又
明年獲王直王直者故徽人也以事走海上後為舶
主頗尚信有盜道雖夷主亦愛服之而其姓名常借
他舶以是凡有入掠者皆云直主之縱跡詭秘未可

知也宗憲亦徽人乃以金帛厚賂誘之云若降我以
若為都督置司海上通互市而直亦自奮言必能肅
清海波贖死命宗憲與之誓甚若直信之從入杭州
宗憲具狀聞上然不敢悉其故廷議以直元兇不可
赦棄市宗憲亦得加太子太保餘遷賞有差然其衆
無歸者而寇復犯淮揚不利連犯吳越巢閩中首尾
七八歲間所破城十餘掠子女財物數百千萬官軍
吏民戰及俘死者不下數十萬雖時有勝負雅不相
當而轉漕軍食橫賞賜乾沒入橐中者以鉅萬計天
下騷動東南髓膏竭矣胡松著海圖説曰始倭之[illegible]

中國也寔自遼東今乃從南道浮海率自温州寧波以入風東北汛自彼来此約可四五日程盖其去遼甚遠而去閩浙甚邇若盡其國界則東西也長行可四五月南北也短行三月而皆極于海其西北至高麗也必由對馬島開洋順風僅一日二日南至琉球也必由薩摩州開洋順風七日其貢使之来必由博多開洋歷五島而入中國以造舟水手俱在博多故也貢舶回則徑收長門抽分司官在焉故也若其入寇則隨風所之東北風猛則由薩摩或五島至大小琉球而仍視風之變遷北多則犯廣東東多則犯福

建彭湖島分䑸或之泉州等處或之梅花所長樂縣等處若正東風猛則必由
五島歷天堂官渡水而視之變遷東北多則至烏沙
門分䑸或過韭山海閘門而犯溫州或由舟山之南
而犯定海經大猫洋入金塘蛟門犯象山奉化由東西厨入湖頭渡犯昌
國入石浦明犯台州入飛渚海門松門諸巷處正東風多則至李西嶴
壁下陳錢分䑸或由洋山之南而犯臨觀過漁陽山兩頭洞三
姑山入蟶浦則犯紹興之臨山三山過霍山洋五島州表平石則化寧波之龍山觀海犯錢塘
過大小衢徐山入鰲子門楮山薄肖城或由洋山之北而犯青村南滙
過馬跡潭而西犯太倉過馬跡潭而西北或過南沙而入大江過茶山入
瞭月嘴涉谷横山而犯瓜儀常鎮若在大洋而風歘東南也則犯淮

揚登萊過步州洋亂沙入塩城口則淮安入廟灣港則犯揚州再越而北則犯登萊若在五島開洋而南風方猛則趨遼陽趨天津大抵倭船之来恒在清明之後前乎此風候不常難準定清明後方多東北風且積久不變過五月風自南来不利于行矣重陽後風亦有東北者過十月風自西北来亦非所利故防海者以三四五月為大汛九十月為小汛其停橈之處焚刼之權雖曰在倭而其帆檣所向一視乎風寔有天意有備者率勝前此入寇者多薩摩肥後長門三州之人其次則大隅竺前竺後傳多日向攝摩津州紀伊種島而豐前豐後和泉之人

亦間有之盖因商于薩摩而附行者盖日本之民有貧有富有淑有慝富而淋者或附貢舶或因商舶而来其在寇舶率皆貧而惡且山城君號令久不行于諸島而山口豊後出雲又各專一軍如中國總督府之儀相呑噬今惟豊後強頗併肥前等六島而有之山口出雲俱以貪滅亡倭盖無常尊定之主矣山城君倭王别號也

皇明馭倭録附畧卷之二

兵部車駕清吏司主事　王士騏纂

送晁舊作朝非監還日本國序　王摩詰

舜覲群后有苗不禹會諸侯防風後至動干戚之舞興斧鉞之誅乃貢九牧之金始頒五瑞之玉我開元天地大寶聖文神武應道皇帝大道之行先天布化乾元廣運涵育無垠若華為東道之標戴勝為西門之候豈甘心于邛杖非徵貢于苞茅亦由呼韓來朝舍于蒲萄舊作陶非之館卑彌遣使報以蛟龍之錦犧牲玉帛以將厚意服食器用不寶遠物百神受職五老

告期況乎戴髮含齒得不稽顙屈膝海東國日本為大服聖人之訓有君子之風正朔本乎夏時衣裳同乎漢制歷歲方達繼舊好于行人涵天無涯貢方物于天子同儀加等位在王侯之先掌次改觀不居蠻夷之邸我無爾詐爾無我虞彼以好來廢關弛禁止敷文教虛至寔歸故人民雜居往來如市朝司馬結髮游聖負笈辭親問禮于老聃學詩于子夏魯借車馬孔丘遂適于宗周鄭獻縞衣季札始通于上國名成太學官至客卿必齊之姜不歸聚于高國在楚猶晉亦何獨于由余游宦三年顧以君羡遺毋不居一

國欲其晝錦還鄉莊舄既顯而思歸関羽報恩而終去于是馳舊作地非首北闕褁舊作裹非足東轅篋命賜之衣懐敎問之詔金簡玉字傳道經于絶域之人方鼎彝樽致分器于異姓之國琅玡臺上迴望龍門碣石館前賁然鳥逝鯨魚噴浪則萬里倒廻鷁首乘雲則八風御走扶桑若薺鬱島如萍沃白日而簸三山浮蒼天而吞九域黄雀之風動地黒蜃之氣成雲淼不知其所之何相思之可寄嘻去帝鄉之故舊謁本朝之君臣詠士子之詩佩兩國之印恢我王度諭彼蕃臣三寸猶在樂毅辭燕而未老十年在外信陵歸魏而

逾尊于其行乎余贈言者

送鼂補闕歸日本國　　趙驊

西掖承休澣東隅返故林來稱郯子學歸是越人吟馬上秋郊遠舟中曙海陰知君懷魏闕萬里獨搖心

送日本國聘賀使鼂臣卿東歸　　包佶

上才生下國東海是西鄰九譯蕃君使千年聖主臣野情偏得禮木性本含仁錦帆乘風轉金裝照地新孤城開蜃閣曉日上車輪早議來朝歲塗山玉帛均

重送陸侍御史日本　　錢起

萬里三韓國行人滿目愁辭天使星遠臨水簡霜秋

雲帆迎仙島紅旌遶蜃樓定知懷魏闕迴首海西頭

送日本使還　徐嶷

絶國将無外扶桑更有東来朝逢聖日歸去及秋風
夜泛潮迴際晨征莽蒼中鯨波騰水府蜃氣壯仙宫
天眷何期遠王文久已同相望杳不見離恨托飛鴻

哭晁卿行　李太白

日本晁卿辭帝都征帆一片繞蓬壺明月不歸沉碧
海白雲愁色滿蒼梧

送秘書晁監還日本國　王摩詰

積水不可極安知滄海東九州何處遠萬里若乘空

向國唯看日歸帆但信風鼇身映天黑魚眼射波紅
鄉樹扶桑外主人孤島中別離方異域音信若爲通

日本王子

大中中日本國王子來朝獻寶器音樂上設百戲珍
饌以禮焉王子善圍棋上敕待詔顧師言對手王子
出楸玉棋局冷暖玉棋子云本國之東三萬里有集
真島島上有凝霞臺臺上有手譚池池中出玉子不
由製度自然黑白分明冬溫夏冷故謂之冷煖玉更
產如楸玉狀類楸木琢之爲棊局光潔可鑑及師言
與之敵手至三十三下勝負未決師言

汗手凝思方敢落指即謂之[illegible]

也王子瞪目縮臂已伏不勝迴語鴻臚曰待詔第幾手耶鴻臚詭對曰第三手也師言寔稱國手王子曰願見第一曰王子勝第三方得見第二勝第二得見第一今欲躁見第一其可得乎王子掩局而吁曰小國之第一不如大國之第三信矣今好事者尚有顧師言三十三下鎮神頭圖

紙衣和尚

勝相院唐開成四年建舊額龍興千佛寺大中祥符元年改今額錢氏忠懿王造五金寶塔八萬四千所

使齋五百所往日本倭國經涉三載至建隆元年秋
所遣使與彼國僧轉智同回轉智初駐錫高峯塔次
居士王院後止于此雕造五丈觀音像平日不御烟
火物止食芹蓼不衣絲綿常服紙衣號為紙衣和尚
嘉定乙亥歲楊和王墳上感慈菴僧德明遊山得竒
菌歸作糜供衆毒發僧行死者十餘人明德亟嘗糞
獲免有日本僧定心者寧死不汙至膚理拆裂而死
至今楊氏菴中尚藏日本度牒其年有久安保安治
承等號僧銜有法勢大和尚威儀從儀少屬少録等
稱是歲其國度僧萬人定心姓平氏日本國京東路

相州行香縣上守鄉光勝寺僧也癸辛雜識

倭人居處

倭人所居悉以其國所產所羅松為之即今之羅木也色白而香仰塵地板皆是也復塗以香入其室則芬郁異常倭婦人體絕臭乃以香膏塗之每聚浴于水裸體無所避止以草繫其勢以為禮番船至四明與娼婦合凡終夕始能竟事至其暢悦則大呼如狽猱或惡其然則以木槌扣其脛乃止然下體雖暑月日衣服至數重其衣大袖而短不用帶食則共置一器聚坐團食以竹作折折取之鞋則無跟如羅漢所

著者或用木或以細蒲為之所衣皆布有極細者溽中國綾綃則珍之其地乃絕無香尤以為貴其聚扇用倭紙為之以雕木為骨作金銀花草為飾或作不肖之畫于其上癸辛雜識

日本國車

元豐三年高麗國遣使柳洪副朴寅亮朝貢且獻日本國車一乘洪云諸侯不貢車服誠知非禮本國所以上進者欲中朝見日本工拙爾朝廷為留之高麗本箕子之國其知礼如此文昌雜錄

南倭海水

江南徐諤得畫牛畫翎齒草闌外夜則歸卧闌中持以見後主煜煜獻闕下太宗問群臣俱無知者惟僧贊寧曰南倭海水或減則灘磧微露倭人十方諸蚌腊中有餘淚數滴得之和色着物則晝隱而夜顯沃焦山時或風燒飄擊忽有石落海岸得之滴水磨色染物則晝顯而夜晦清波雜記

日本國斂尸

壬申春日本使因貢鎧甲刀杖圍屛方物于　天府由杭過蘇以北河阻塞泊舟于百花洲隅一使病死同侶以其尸剖腹刳腸胃水洗之遂實以塩而後縫

合其腹用布縛如斂法謂之好結果舊傳日本之俗凡削髮者則大官今訪之正副使亦皆有髮削髮者謂國之僧以其通中華文字亦伴使耳故其僧人作詩多稱野衲蘇衛謝投戈嘗入其船採之其僧云巢者贈詩云自古難兼武與文淮淝勝敵昔曾聞蒼生起得東山卧鎖却薔薇洞口雲嘗謁九峯王少傅少傅問曰汝國到吾國行程幾何援筆書紙曰行程之緩速因風之順逆若過大洋約有二十日餘皆不知也又問讀何書書曰五経四書為根本觀其在蘇購書收帖好文之美蓋優於他夷也墨池浪語

戒嚴王師行成表

臣聞三皇位極五帝禪宗唯中華而有主豈夷狄而無君乾坤浩蕩非一主之獨權宇宙寬洪作諸邦而分守蓋天下者乃天下之天下非一人之天下也臣居遠弱之倭偏小之國城池不滿六十封疆不滿三千尚存知足之心故知足者常足也今陛下作中華之主為萬乘之君城池數千餘座封疆百萬餘里猶有不足之心常起滅絶之意天發殺機移星換宿地發殺機龍蛇起陸人發殺機天地反覆堯舜有德四海來賓湯武施仁八方奉貢

臣聞陛下有興戰之策小邦有禦敵之圖論文有
孔孟道德之文章論武有孫武韜畧之兵法又聞
陛下選股肱之將起竭力之兵來侵臣境水土之
地山海之洲是以水來土掩將至兵迎豈能跪塗
而奉之乎順之未必其生逆之未必其死相逢于
賀蘭山前聊以博戲有何懼哉倘若君勝臣輸且
滿上國之意設若臣勝君輸反作小邦之耻自古
謀和爲上罷戰爲強免生靈之塗炭救黎庶之艱
辛年年進奉于上國歲歲稱臣爲弱倭今遣使賫
黑麻敬 詣丹墀臣誠惶誠恐稽首頓首謹具表以

聞

詠西湖

一株楊柳一株花原是唐朝賣酒家惟有吾邦風
土異春深無處不桑麻

昔年曾見畫湖圖不意人間有此圖今日打從湖
上過畫工猶是欠工夫

春日感懷

中原二月綺如塵異卉奇花景物新可是吾天仁
更潤小塘幽草亦成春

奉邊將

棄子拋妻入大唐將軍何是苦隄防關津橋上團
圓月天地無私一樣光

荅風俗問

君問吾風俗吾風俗最敦衣冠唐制度禮樂漢君
臣王甕藏新酒金刀剖細鱗年年二三月桃李一
般春

題春雪

昨夜東風勝北風釀成春雪滿長空梨花樹上白
加白桃李枝頭紅不紅鶯悶幾時能出谷燕愁何
日得泥融寒冰鎖却鞦韆架路阻行人去不通

游育王

偶来覧勝鄮峯境山路行行雪作堆風攪空林饑嘯雲埋老樹斷猿哀墖頭東塔又西塔移步前臺更後臺正是如来眞境界臘天香散一枝梅

萍

錦鱗密砌不容針只爲根兒做不深曾與白雲爭水面豈容明月下波心幾番浪打應難滅數陣風吹不復沉多少魚龍藏在底漁翁無處下鈎尋

保叔塔

保叔原来不保夫造成七級石浮屠縱然一帯西

湖水洗得清時也是汙

被張太守禁舟中歎懷

老鶴徘徊日本東笑看宇宙作樊籠只因飛入尭

天濶恨在扁舟一葉中

四友亭

四友亭名萬古香清風曾遍到遐方我來不見亭

中主松竹青青梅自黄

從紹興兩中往曹娥

早來飯罷促篙篙梢撑出五雲門外橋離越王城三

百里過曹娥渡八分潮白飛晴雪梅花舞緑美晩

風蒲葉揺南北陰沉江上雨打蓬聲似滴芭蕉

又

渺渺茫茫浪潑天霏霏拂拂雨和烟蒼蒼翠翠山遶寺白白紅紅花滿川整整齊齊沙上雁来来往往渡頭船行行坐坐看無盡世世生生作話傳

又

天連泗水水連天烟鎖孤村村鎖煙樹繞藤蘿繞樹川通巫峽峽通川酒迷醉客客迷酒船送行人人送船此會應難難再會此傳今話古今傳

謁舜廟作

朝貢三年特地来碧松橋上暫徘徊雨過空澗水

頻滴風度小軒窓自開六七八竿墻外竹兩三四

樹屋邊梅當年舜帝蓋井石更問如今還在哉

寄語畧

籌海圖編所載與日本國畧微有不同今並存之

天文類 籌海圖編

天 天帝　日 虛露　月 禿計

星 付泥　風 有未加前　雲

雨 挨迷　霧 吉利　雪 許伏六攸計

霜 名末碎蒲　落雨 挨迷付魯

又日本國畧

天 同　日 同　月 同

星 同　風　雲 朽岡

雨同　霧同　雪計以六片計

霜多未碎滿　落雨挨迷什曾　雷什洛

時令類　籌海圖編

早來運梭梭發耀　夜搖落　午非路

晚搖撒田午　明挨介水　暗骨辣水

冷三字水　煖挨撥水　今日詐以呼雞靜介喬

明日日挨迷亞失　後日亞撒里　昨日傑奴

前日阿多堆　日暮非故路路　今日來个阿耶俚

明日來俚挨戊打　後日來挨殺核阿耶俚

又日

早埋該後發　夜同　午同

晚㮼敢日五　明同　暗同

冷同　煖挨撒水　今日詩以呼鷄聲界播

明日旦挨迷栗天　後日同　昨日傑妙

前日同　日暮同　今日來里介阿所

明日來俚挨伐打　後日來同

地理類籌海圖編

地大様禿智　山羊賣耶賣　水明東

海烏彌　沙何吉大水　石依水在木古

火非　鄉羊埋俚　江打各苛

又日本國畧

地大禄秃知　山同　水同

海同　石衣石在古本　沙阿吉大水

火同　鄉同　江同

方向類籌海圖編

東熏加　南迷南來　西義西

北尤兀俚　前日皆門利婆　後吾失利

又日木國畧

東同　南米匈来　西同

北同　前日皆何利婆　後同

珍寶類 籌海圖編

金空擂泥　银失禄揩泥　珠他責

錢前務　黄銅中若佐　紅銅鶯更楷子

水銀明東揩尼　好銅錢姚礼善泥

又 日本國畧

金同　銀同　珠同

錢同　黄銅中苦左　紅銅同

水銀明東皆尼　好銅錢同

人物類 籌海圖編

皇帝大利天王家里　官大米烏野鷄　百姓別姑常

公 翁知　大官 大大烏野鷄　婆 猶蒲翁妃

父 阿爺　母 發發　兄 挨尼

嫂 阿尼尤尼　弟 阿多多　妹 亜尼多一沒多

姊 亜尼　嬸 完多　子 莫宿哥

姪 何義　女 莫宿眼　孫 阿奚胡來

丈人 子多　丈母 子多多謬　叔 前何治王官老

丈夫 壽山　婦人 倭家倒　老 禿古要个

男子 阿柰公姑　後生 倭家達　孩 歪鼻

親眷 新雷　妞夫 不哥迷　朋友 道門大聖 蒲門大帝

女婿 米哥　僕 三三字郎　小廝 歪皆水

和尚才老烏索　老實人埋骨多　艱難人胡奈故人門厥人
強盗六宿鼻隨　瞎子眉骨賴　獨眼人鴻密浚閑
你撫哥了梭里　誰人搭撥　我利何埋俚阿奴
徒弟加食難　財主妻斗島賣　生得好眉く月失眉く姚水
外甥萌哥　長子難鮮水　媳婦嬚炒報
長吊　年少華盖　主人床呆朵
生得醜魯歪失　聰明力哥　貴他介水
賊那塑羊皪　富烏多哥　貧肥東旦
乞丐寬需計　好淫梭羅　年紀一故都
麻子莫入骨水　村孫　扮科水非計

賊陸宿人
文日本國暑
皇帝大利天王加里　官同　百姓同
公同　婆山補翁姑　父阿耶
母同　兄同　嫂阿尼尤姑
弟何多　妹西尼多一没多　姊同
孀同　子同　姪同
女莫尋聬　孫同　丈人同
丈母同　叔何治王前米官　丈夫爻山
婦人同　男子同　老同

後生倭加達　孩歪爛身　親眷同
朋友道門大聖閭門大帝　姐夫木哥迷　女婿木哥
僕三字都　小廝同　和尚刀老烏索
老實人同　艱難人胡奈故今間閑人　強盜同
獨眼人容烏閑鴻　瞎人眉骨頭　你[redacted]哥子校里
我何俚ゝ阿奴利　誰人荅撥　徒弟加食鞋
財主妻叫烏賣　生的好眉ゝ月失眉ゝ姚失　外甥胡哥
長子鞋解水　媳婦同　長同
年少同　主人床果朶　生的醜魯歪歌
聰明刀歌　貴同　賤那望羊碎水

富 鳥多姑　貧 肥東旦　乞丐 寬計

好淫 同　年紀 同　麻子 莫入

村 同　拐 利水計非　賊 六宿人

人事類籌海圖編

要 披水水　不要 依也　立 達子

等待 埋祖　眠 卒 羊達路鳥将　拿來 未低吉夏俚 米得哥巳

拿去 未底於古　相擾 括計括盆　亂說 思量骨多莫 話介反理

看覓 見迷路　不送 賣 何埋解卻　嬉 挨核蒲

坐 移路阿将梭　病 羊埋依子　揖

罵 寬彼計乃俚 話鸞褪皮　鼾 因彼計　詈 鳥論[illegible]埋水 馬鸞爺計

睡 容路　去 漫陀羅獮俚旦多　在 何故伊房何耶路
不在 論速持竦　來 何耶俚吉人　便來 半伴地何爺俚慢陀的如
回來 慢慢的耶俚　便去 容路　快來 發下何耶俚法古
送與我 而皮　愛惜 撟落扛蒲　怕倭 竦路路
出去 一一計　前行 殺鷄倭　行 挨龍門
喜 一數水吣羅打步　說話 未納恝打俚　怠慢 雖利骨多罵山奴
飲 那慕　獨樂 哥賣　羞愧 齒助山水水
喫 何賣利　安排 蘇路　不來 未旦盧賈矢
走 法古　快去 法古計　打人 生亞達達个
借 賑路各夾　買賣 烏禮加　不嬰了 禁哥

唱 嘔天　莫怪 哥面乃禮　多喫酒 何賢鼻旦
教 何水尤路　喫酒 麻黑殺鷄　那里去 陀姑移姑
添 所有路路　行路的 盎磨臧　曉得 个个俚打夫大
賣 烏路無六　叫人 多奴　老實説話 買多溢多
痛 一輒水　起身 倭達的援　多多喫了 前行哥
遊 西孫步　還了 諧也數　不曉得 措賴路不失打
殺 其奴瞎咀郎　請人家 那捱多　慢慢的 買得買得
害 夭　不賣 烏魯賣加　恁麼賣 雞烏禮在
肚饑 勲大路水　哭 乃古　多少 一故賴介
打 胡子　有情 亞蛹吉乃　無情 亞蛹吉乃乃水

不來 天旦芦賚了　快去 法又計　走 法右
添 所有路二　打人 生亜連遠个　唱 謳大
痛 同　教 同　買賣 鳥里加
不吃了 同　多吃酒 河賢鼻　賣 為路無大
吃酒 府里硒鷄　莫怪 哥而乃　老實說話 買多盐多
遊 四係步　那里去 阿姑兎姑　買 加和
行路 約　曉 个个俚打失人　多吃了 前行哥
殺 其奴善咽即　害 天　醉 等帯
不曉的 同　哭 乃吉　打 同
換 同　吽人 同　怔 發頼旦多壁固

死大　唤加古　咲歪頭

肚饑同　還了如也数　慢慢的買的買得

起身倭達的挨　腫同　請家那堐

不賣烏魯賣多　任磨賣鞋烏里賣　活同

輸同　有情亜弟吉乃　無情亜娣吉乃乃水

傷寒鷄骨禁　多少同　無工夫同

寫字同

身體類籌海圖編

耳眉眉　口骨上　鼻發奈

眉賣　手鉄　足挨身

心个个路　頭容戍賴　鬚熏計
髮措䏚夾迷　肚發賴　指尤皮
爪卒䏚　齒法

又日本國畧

耳眉　口同　鼻同
眉一賣　手同　足同
心同　頭容戍賴　鬚措䏚夾迷
肚同　脊同　髮熏計
爪卒迷　齒同　身池
眼眉眉

器用類 籌海圖編

小刀曆過乃空客打乃 中刀歪計柴需 大刀濶中撻打奈

刀柄跎介俚 甲大買路 弓油米

盒子剛白哥 紙揩袂加迷 硯孫劝俚尊力

砂石揩路依水 筆粉地 墨子竦煤

薄紙沃壘子 扇黃旗 鎖哥利素

厚紙沃速水 舡浮泥 針快利法利

鑰匙坑其 鑊雞皮 磨刀石依水

泥銅扇法古黃旗 箒花雞 泥金扇空揩泥黃旗

等子發介俚 小箱法哥 硯箱孫助利法哥

酒盞䍦加藤計 鋸拿剛縶利 碟䍦頰沙頓

銀硃失祿挨措水 鏡坑旨彌 杬麻骨頰埋骨頰

麝香射哥 漆烏論水 蓆不奴

木香木哥 傘隔落隔䍦 盤何卜鷄

沉香沉哥 筋法水 碗倭吉貼灣

酒瓶哭筭昆皮 梯課水飛計 香宜哥

又日本國畧

小刀曆全 中刀歪計紫儒 大刀潤四達打發

刀柄同 甲同 油米

硯助俚力子 紙墨楷法加迷 厚紙同

薄紙同　筆粉池　墨同

扇同　泥金扇空指尼黃旗　鑰匙同

泥銅扇同　銷哥利素　舡同

鑊同　針快利快利　等子發介里

箒同　小箱法可　硯箱利係助利法

鋸絮剛繫利　酒盞同　碟同

傘隔答隅晒　鏡同　梳麻骨賴

蓆不如　盤同　銀碟水失祿換指

漆鳥水魚　筋同　香同

沉香同　麝香同　木香水香

酒瓶 哭芦昆皮　碗 同　梯 同

衣服類　籌海圖編

衣服 乞麻俚　靴 骨都　鞋 水托里失其 里

箬帽 搖婆俚　錦 歪帶　氊衫 迷奴

手巾 達昂个　綿布 木綿　夏布 奴奴綿

被 伏恩麻

又 日本國畧

衣服 乞麻里　靴 脊都　鞋 同

箬帽 搖婆里　錦 同　氊衫 同

手巾 達昂介　綿布 同　夏布 同

被非思麻

飲食類籌海圖編

茶觧素　酒釃箕　白酒明東釃箕

烧酒隅辣釃箕　老酒福祿晒　飯窑黍

飲酒晒加乃　鹽失河妆河　喫飯窑黍阿羅

醬彌沙　米科眉科眉　油揆蒲賴

大麥烏蒙崎　小麥柯蒙崎　穀暮米倭米

羨水路　萱磨米　肉恕恕

笋乾大吉糯古　醬瓜可羅米糕

又日本國畧

茶 詐素　酒 撒其　白酒 明東酒其

燒酒 同　老酒 同　飯 同

飲酒 同　喫飯 密黍阿羅里　鹽 同

醤 同　米 科眉　油 挨甫頼

大麥 烏蒙崎　小麥 同　穀 同

麪 同　荳 同　肉 同

笋乾 大吉糯右　醤瓜 同

花木類 籌海圖編

杉 松計　檜 去那鷄　松 埋止

樺子 而婁水　芥 勘辣水　菜 柰

瓜烏埋　麻莫入骨水　茄子乃沈皮

又日本國畧

杉同　檜同　松同

梅子同　芥同　菜同

瓜烏俚　麻同　茄子乃泥皮

鳥獸類籌海圖編

牛胡水　狗意奴　猪豕豕

鷄抓泥撥地泥環多禮　鴨觧加　馬烏馬

魚遊河　蟹揩泥　蝨失辣水

羊羊其　鼠祇亦米

又日本國畧

牛同　狗同　猪同

鷄　鵝　馬烏馬

魚同　蟹指尼　蜸失諫水

羊同　鼠服助來

數目類籌海圖編

一丢多子丢獃吧多　一箇个利　二扶達子丢吧多

三密子倏吧多　四學子摇摇倣　五意子子難難多

六後子　七乃乃子　八效子

九个个乃子　十多　十一多多丢達子

五十大　百法古　千借一貫

萬慢亦

又日本國器

一丟多子丟衝咀多　一箇同　二扶延子丟且多

三容子倏且多　四孝子　五詹子子難難多

六同　七同　八學子擭擭做

九个个乃乃　十同　十一同

五十文　百法右　千同

萬慢赤

通用類　籌海圖編

有 挨路迷路　無 乃　好 髙身約姚鎖 盧
極好 明哥多　不好 由無乃　大 加小思姑奈 何計
小 發薛　少 素右乃水　多 快都河河水
遠 多倈　近 的个　瘦 牙十大
短 迷加　細相 快大　抙 骨薛落
厚 挨辛水　薄 温卒水　歪貨 不髙歪賴 水
破 羊鈸里里　不是 松田乃係　要緊 馬多台子
緩 慢大慢大　無用 設計　多有 何何水
未 慢大　香 干牌水　臭 骨薾水
又 日本國畧

有 挨咯何路
無 同
好 同
極好 明奇多
不好 毋無柰
大 同
小 蔆蒂
多 悏都河河水
少 踈右乃水
遠 多挨
近 同
瘦 同
短 同
細 相同
朽 骨師路
厚 挨辛水
薄 温辛水
歪貨 同
不是 同
破 半鑁里里
要緊 馬多何手
緩 漫大漫大
無用 同
多有 同
未 同
香 千牌水
臭 同

寄語島名

山城羊馬失羅　筑前職骨前　太和野馬多
筑後職骨く　河内加懐知　豐前字前
和泉因字米　豐後蓬哥　攝津子努因你
肥前非前　伊賀衣加　肥後非谷
伊勢衣舍　日向兄加　志摩
大隅阿思米　尾張倭阿里　薩摩撒子馬
三河迷茄懐　遠江　紀伊乞奴苦藝
炎路山奴計　駿河　阿波挨懐脊
伊豆因慈　讚者　甲裴嘅怡苦藝
伊豫伊右　相摩　土佐拖撒

武藏木撒暑　山口郎周防羊馬窩諸　安房阿乞
美作迷馬撒家　備前避然　上總茄迷倭撒
下總什麽倭撒　備中避畫　常陸
備後避卧　若佐褁加柵　安藝阿計
越前日智前　攝摩法里馬　越中日畫
長門奴茄多　越後日清谷　册渡册白
加賀坑茄　册後册哥　能登奴桀
但馬噠什麽　佐渡沙渡　因幡矢奴白
近江多島米　伯耆花計　美濃米奴
出雲因字木　飛彈非大智　石見

醉 邀帶　換 皆賀　無工夫 一水孫熊

恠 國發頼旦多堅　死 身大　腫 刹大

嗔 加右　笑 歪罷　活 吉打

買 加利　輸 埋計打利　傷寒 鷄骨

寫字 加計

又日本國畧

要 同　不要 依佃　立 同

等待 同　眠 羊達路馬將 率　拿來 不眠吉反里 未得哥里

拿去 卡抵於吉　亂說 罳里里骨多 莫話介友里　相擾 括計怡盆

看 同　不送 賣何俚觧那　嬉 同

坐 移路阿將接　病 羊埋衣子　揖 科眉乃可眠 条禮

罵 寬彼許乃里　詈 鳥論年坦水 鳥爺蛮計　鼾 同

睡 同　去 漫俚羅懶捉 多　在 向做伊房

不在 論迷特速　來 何耶里吉大　便來 羊餠倰陀 的如

便去 同　回來 慢慢的何耶 耶里　快來 發下何耶 俚發古

送與我 同　愛惜 揺路扛捕　惜 倭東路

來覓 倭非伯水　去出 計　久覓 撥水姚罷 扛步

說話 來以吃打 俚　怠慢 鞋利提罵 山好　前行 殺鷄

後行 挨龍門　羞愧 畨即山水 小　飲 同

吃 同　獨樂 同　安 排蘇

附全四册目録